여왕의 입맛을 훔친
홍차를 만나다

**여왕의 입맛을 훔친
홍차를 만나다**

초판 1쇄 | 2013년 10월 1일

지은이 | 오월
펴낸이 | 김성희
펴낸곳 | 맛있는책

출판등록 | 2006년 10월 4일 (제25100-2009-000049호)
주소 | 서울 광진구 중곡동 639-9 동명빌딩 7층
전화 | 02-466-1278
팩스 | 02-466-1301
전자우편 | candybookbest@gmail.com

ISBN : 978-89-93174-37-3 13980

Copyright ⓒ CandyBook, 2013, Printed in Korea
이 책의 저작권은 저자와 출판사에 있습니다.
서면에 의한 저자와 출판사의 허락 없이 책의 전부 또는 일부 내용을 사용할 수 없습니다.

로얄 브랜드를 찾아 떠난 아쌈 홍차 기행
여왕의 입맛을 훔친 홍차를 만나다

• 오월 지음 •

맛있는책

프롤로그

로얄 브랜드, 너를 찾아서

책도 운명이 있는가 보다. SNS로 만난 친구와 소통하는 도중에 나는 귀가 번쩍 뜨이는 단어 하나를 들었다. '로얄 브랜드'라는 여왕의 홍차는 그렇게, 아주 우연히 다가왔다. 그러나 우연이 필연이 되고, 가상공간이 현실공간으로 옮겨와, 운명적으로 한 권의 책이 태어나게 된 것이다.

배낭여행에서 돌아올 때마다 다시는 가지 않겠다고 다짐했다. 마지막으로 다짐한 지가 불과 몇 개월 전 일이건만, 나의 아짬 대장정은 다시 시작되었다. 사실은 점점 꾀가 나서 웬만하면 떠나지 않으려고 했다. 그러나 떠남도 운명인 듯하다. 이번엔 '로얄 브랜드'가 내 안의 도전 욕에 불을 지폈다. 그게 뭔지, 못 견디게 보고 싶어졌다.

어느새 아쌈에 와 있는 나를 발견하게 된다. 나도 모르게…… 그렇게 되었다. 여행이란 정말 한 치 앞을 알 수 없는 모험과 같다. 나를 기다리고 있었던 것은 끝없이 펼쳐진 광대한 차밭이었다.

'나 홀로 여행'에는 이골이 난 터라 준비물을 한 번 더 체크하는 꼼꼼함도 잊지 않았다. '로얄 브랜드'의 마법에라도 걸린 듯 유난히 기분 좋게 콧노래를 부르며 떠나왔다. 하지만 준비의 여왕도 쩔쩔매게 할 만큼, 현장은 늘 녹녹치 않았다. 가는 데마다 삐걱거리는 일이 다반사였다. 준비해간 프로젝트는 물거품이 되기도 했다.

이번 여행이 조금은 유별났던 것 같다. 다리품을 팔고 체력과 정신력으로 버텨야만 되는 상황이 자주 벌어졌다. 가이드는커녕 로드맵이나 관광정보 가지고도 해결이 안 돼서 열두 번은 더 묻고 찾아가야 했다. 천혜의 비경을 간직한 또 다른 세상, 마치 영화 '아바타'의 스크린을 옮겨놓은 듯한 풍경이 곳곳에 숨겨져 있었기 때문이다. 그런 다원일수록 이야기보따리들이 왜 이리 엉켜 있는지 스스로 풀어내고 감내해야 했다.

구릉 지대에서 차 따는 여인들과 온종일 함께 머물 때였다. 이글거리는 태양 아래에서 〈알리바바와 40인의 도둑〉에 나오는 한 사람처럼 수건을 칭칭 동여매야 했다. 견디다 못해 수건을 벗어던졌다가 얼굴에 1도 화상을 입는 바람에 한동안 애를 먹었다.
어리석게도 떨어진 밤을 주워 먹고 복통을 일으켜 차밭 여인들

덕을 본 일도 있다. 흙탕물에 미끄러져 발이 삐끗해 결국 병원 신세를 진 일까지, 모진 사연은 끝없이 이어졌다.

  이 책은 길 위에서 몸소 부딪치며 얻어낸 생생한 현장 기록이다. 아쌈 차를 사랑하고 여행을 좋아하는 사람들과 공유하고 싶은 차 문화에 얽힌 전설의 비하인드 스토리다. 다원 이미지도 독특하고 아름다운 모습으로 펼쳐질 것이다
  책이라는 귀한 차를 끓였다. 한 페이지씩 찻잔에 따른 다음 천천히 음미해 보시길. 아쌈 홍차는 일반 홍차와 무엇이 다를까. 차를 마시고 차 안에 머무는 시간만큼은 모든 사람들이 광대한 푸른 차밭처럼 마음이 넉넉해졌으면 좋겠다.

2013년 길고 긴 지루한 장마 끝에서

차례

프롤로그 • 5

1 : 여왕의 대로 [동남편]

- 시바 신이 도왔다 • 12
- 로얄 로드를 따라 • 16
- 미친 풍경이네 • 23
- 차밭의 런치타임 • 41
- 여왕의 계시를 받다 • 52
- 나는 도둑이 아니라고요 • 66
- 1918년생 차나무를 만나다 • 74

2 : 1만개의 잎, 1kg의 차 [동남편]

- 여왕의 이름을 가진 마을 • 84
- 그곳엔 나의 자매가 산다 • 90
- 위 아 더 패밀리 • 99
- 아쌈 땅 끝에 서다 • 104
- 시크릿 가든의 비밀이 풀리다 • 110
- 여왕의 하사품 • 114
- 브라만의 만찬에 초대받다 • 118

3 : 차나무에도 진실이 있다

- 찻잎의 진실 캐기 • 126
- 차 꽃의 진실 캐기 • 130
- 제다(製茶)의 진실 캐기 • 135
- 마침내 진주로 태어나다 • 149

4 : 언젠가 다시 돌아올 날을 위해 [동북편]

- 단 한 번의 아름다운 방문 • 158
- 요란한 Good Morning • 166
- 아! 난다, 향이 • 171
- 아쌈 청년 N네 이야기 • 178

5 : 차(茶)에게 길을 묻다 [중부편]

- 비와 차, 그리고 여인들 • 196
- 알려지지 않아 더 아름다운 • 206
- 해프닝 인 마줄리 • 213
- 모기와의 전쟁 • 222
- 마른 밤에 날벼락 맞다 • 225

6 : 차와 인생은 라르고다 [북서편]

- 타임머신을 타고 중세 마을로 • 230
- 사람이 문화유산보다 아름다워 • 242
- 여행길에서 인생을 묻다 • 250

7 : 길 위에서 만난 사람들

- 여왕의 홍차도 그렇게 시작됐다 • 262
- 페이스북으로 맺은 인연 • 265
- 친구 따라 아쌈 가다 • 269

에필로그 • 278

1
여왕의 대로

시바 신이 도왔다

거칠게 달리는 버스, 창문이 사납게 덜커덩거린다. 이번 좌석은 예매까지 해가면서 잡은 특별석이다. 승차감이 좋은데다 눈도 즐겁기 그지없는 기사 옆 자리다. 장시간 여행에서 이보다 멋진 자리는 없을 것이다. 그런데 이번에는 아무래도 조짐이 좋지 않다. 난폭하게 차를 몰아대는 기사 탓에 앞 차와의 간격을 주시하느라 풍경을 볼 여력도 없었다.

승객들은 저마다 차와 함께 진동하며 제 몸 하나 지키기에 급급하다. 운전이란 게 원래 핸들 잡은 사람 마음이라지만 이건 좀 너무하다 싶다.

혼자 궁시렁대며 화를 삭이고 있는데 쿵 하는 소리와 함께 몸이 앞으로 쏠리는 것이었다. 동시에 육중한 물체가 시야를 가로막는다. 버스는 멈췄고 기사와 콘닥터(조수)는 서둘러 밖으로 나갔다.

차안이 삽시간에 술렁대더니 모두가 앞으로 몰려들어 북새통이다. 앞 버스와 충돌한 것이다. 남자들이 내려서 사고 현장을 에워쌌다. 안 좋은 예상은 언제나 맞아떨어진다. 머릿속이 하얘지려고 한다.
"어디 다친 데는 없어요?"
뒤에 있던 승객들이 내 어깨를 어루만지며 말을 건다. 그런데 부리부리한 눈들이 내 얼굴을 보더니 놀란 토끼 눈이 된다.
아무래도 느낌이 심상치 않아 얼른 손거울을 꺼냈다. 이마에서는 피가 흐르고 있었다. 부리나케 배낭 속에서 티슈를 찾는데 당황해서 쉽게 손에 잡히질 않는다. 그제서 통증이 느껴진다. 차가 앞으로 쏠렸을 때 모서리에 부딪친 모양이다. 배낭에서 연고를 꺼내자 한 아주머니가 나서서 정성껏 치료를 해준다. 다친 부위가 따끔거려 저절로 그분 손을 잡아당기게 되었다.
얼마나 다쳤나, 다시 손거울을 자세히 보니 웬 날벼락인가 싶다. 오백 원짜리 동전만한 혹이 불거져 있다. 승객들은 나를 쳐다보며 쑥덕거리는 눈치다.
버스에 오르던 기사는 나를 보더니 미안해하는 표정이다. 이제야 그의 얼굴을 정면으로 보게 된다. 몇 시간을 운전석 옆에 있으면서 고대 이집트 벽화처럼 그의 한쪽 모습만 본 것이다. 역시나, 이마에는 '나 폭주족이야'라고 써놓은 것 같이 인상이 험악하다. 몇몇 남자들이 기사한테 큰소리로 항의하니까 기사는 짜증 섞인 말투로 콘닥터에게 뭔가를 지시한다. 나갔다 들어온 콘닥터의 손에는 반창고와 연고가 들려 있었다. 그걸 내게 건네준다.

| 여왕의 대로

병원에 가야 한다는 말과 이 정도면 됐다는 양론으로 차안이 시끌벅적하다. 딱 호떡집에 불난 형상이다. 승객들은 시바 신*이 도와주었다고 서로 얼굴을 마주하며 고개를 끄덕인다. 사고 직전과 직후, 버스 안의 분위기 반전이 참으로 인도인답다.

기사는 뭐라 하든 말든 무뚝뚝하니 시동만 걸고 있다. 이정도 선에서 끝낼 작정인가 본데 내 홈그라운드가 아니니 목소리를 내 본들 무슨 소용이 있겠나. 어떤 아저씨와 자리를 바꿔 앉았는데 그래도 좌불안석(坐不安席)이다. 한 번 더 손거울을 봤다. 반창고 하나로 내 인상은 이전의 내가 아니었다. 어디서 한 대 제대로 얻어맞은 것 같다.

여행 초장부터 이게 무슨 징조일까……. 그냥 차도 아니고, 여왕의 홍차 '로얄 브랜드'를 찾아가는데 이런 험한 꼴을 보다니. 누군가 시샘을 하는 것은 아닐까. 먼 길 떠나면서 돼지머리 올려놓고 고사라도 지낼 걸 그랬나. 별별 잡념이 꼬리를 잇는다.
그러나 곧 생각을 편하게 돌려놓는다. 호사다마(好事多魔)라고 액땜 한 셈 치자! 팔이라도 뻬었으면 어땠을까. 생각할수록 아찔하다.
폭주족 기사는 또 다시 격하게 가속 페달을 밟는다. 얼마를 달

*시바(Siva) 신: 힌두교 3대 신(神) 중의 하나. 인도인들에게 가장 인기 있는 신이다.

여왕의 입맛을 훔친 홍차를 만나다

렸을까, 마침내 흔들림이 멈췄다. 콘닥터가 배낭을 휙 집어 들더니 어서 내리라고 재촉이다. 승객들이 나를 향해 손을 흔들고 있다. 버스가 사라진 후에도 배낭이 내팽개쳐진 흙바닥에서 한참을 있어야 했다.

'내 저놈의 버스를 다시 타나 봐라.'

로얄 로드를 따라

 한참을 걷다 보니, 길 가장자리에 오롯이 서 있는 '윈저 빌리지'* 팻말이 눈에 들어 왔다. '윈저'라면 평민 심슨 부인과 세기의 러브 스토리로 떠들썩했던 영국 왕자 아닌가. 지명부터 내 호기심에 불을 지른다. 클래식한 이름과는 다르게 허접한 간판이었지만 이거라도 만나지 않았더라면 길치인 내가 어지간히 헤맸을 것이다.

 내 등 뒤로 드리워진 그림자를 보니 저물녘이 되려면 아직 반나절은 남아 있다. 해 떨어지기 전에 숙소를 잡아야 하니까 발걸음을 재촉한다. 사이클 릭샤**를 타야 하나, 막막한 마음에 사방을 둘러

---

*윈저 빌리지: 묵타바리(Muktabari) 도시를 말함. 동남쪽 아쌈 주 끄트머리. 쉽사가르(Sivasagar) 버스터미널에서 4시간 거리.

**사이클 릭샤: 인도 전역에서 서민들이 이용하는 교통수단. 자전거 뒷자리를 개조한 2인승

| 여왕의 대로

보다 튼튼한 두 발을 믿어보기로 했다. 이미 버스에 된통 당한 후였기 때문이다.

여행자만이 안다. 이런 외지 마을에서는 어둠이 일찍 찾아온다는 것을. 골목 안은 구멍가게 문도 닫히고 인적도 드물어진다. 자칫하다가는 길 잃어버리기 십상이다.

제대로 걸어가고 있는지 확인 차, 손에 쥐고 있어 꼬깃꼬깃해진 메모지를 펼쳐보았다. 주민이 일러준 이름이 적혀 있다. '윈저 빌리지, 로얄 로드(Royal road)'

쭉쭉 뻗은 열대 가로수가 이국의 풍광을 연출한다. 귀찮게 따라다녔던 매연과 소음은 간 데 없다. 조촐한 집들이 어깨를 나란히 하면서 길을 안내해 준다. 오후의 햇살이 마당에 걸려 있는 빨래 위에 내려앉아 있다. 고즈넉하다 못해 적적한 기운마저 감돈다.

이때 어디선가 행인 한 명이 나타났다!

"나마스떼!* 호텔이 어디 있어요?"

타이밍을 놓치지 않고 질문을 던지는 나를 무안할 정도로 빤히 쳐다보기만 하더니 고개를 흔든다. 없다는 건지, 모른다는 건지 감을 못 잡겠다. 내 인상이 무서워 보이나?

마을로 접어들면서 처음 만난 행인이라 반가운 마음에 말을 붙였던 건데. 인도인들은 과잉 친절이 탈인데 저 사람은 다른 나라

---

*나마스떼: 인도인들이 만날 때와 헤어질 때 하는 인사. '내 안의 신이 당신에게 인사합니다'란 의미.

여왕의 입맛을 훔친 홍차를 만나다

| 여왕의 대로

사람인가 보다.

 얼마를 걸었는지 목에 땀이 맺히더니 배낭을 걸친 등판이 후끈후끈하다. 아무래도 도중에 길을 잘못 들어선 것 같아 두리번거리고 있는데 저만치서 누군가 눈에 띄었다. 어깨에 걸친 바구니 하며 푹 눌러쓴 모자가 한 눈에 찻잎 따는 여인이라는 걸 알 수 있었다. 그렇다면 근처에 다원(茶園, Tea garden)*이 있다는 얘기다. 일단 한시름 놓았다. 숙소가 없더라도 다원에 가서 하룻밤만 묵게 해달라고 사정할 수 있겠다.
 그 여인의 뒤를 바투 따라간다. "하이! 하이!" 불러보는데 어떤 리액션도 없다. 후다닥 뛰어가서 앞을 가로막았다. 상대는 난데없는 침입자에 당황한 눈치다.
 "나마스떼!"
 그녀는 눈만 껌벅거리고 있다. 이번에도 반응이 반 박자 느리다. 이마에 반창고도 붙여놓았겠다 최대한 불쌍한 말투로 말을 건다.
 "플리이즈! 호텔, 호텔~"
 그제서 손가락으로 방향을 가리킨다. 영국 통치시절 귀족들의 휴식처였던 방갈로다. 지금은 다원을 관리하는 매니저의 숙소와 손님 접대용으로 사용하고 있다.
 드디어 버스에서부터 조여들었던 긴장감이 풀어진다. 아마도 내

---

*다원(茶園, Tea garden): 차밭, 티 에스테이트(Tea estate), 총 면적 100ha(302,500평).

여왕의 입맛을 훔친 홍차를 만나다

1 여왕의 대로

입가에 미소가 길게 그어졌을 것이다. 마음이 놓이니까 달달한 짜이(밀크 티)*가 마시고 싶어진다. 방갈로가 눈앞에 있으니 사탕을 아껴 먹으려는 아이처럼 짐짓 여유를 부리게 된다.

▌다원 상징물

*짜이: 인도인의 국민차라 할 수 있다. 홍차에 설탕과 우유를 섞은 밀크 티.

미친 풍경이네

아침 햇살이 푸른 차밭에서 영롱하게 반짝이고 있다. 마주보이는 야트막한 산은 어릴 적 놀던 뒷동산처럼 정겹다. 어제 저녁 어둑어둑할 때에는 보이지 않았던 산자락이 몸통을 그대로 드러내고 있다.

여인들*의 얼굴이 하나둘 보이기 시작한다. 그들은 오는 대로 모두 다원으로 들어간다. 한꺼번에 수 십 명이 몰려올 때면 일렬종대로 일사불란하게 움직인다.

나도 그들 뒤에 은근슬쩍 붙어 따라간다. 아무리 여행을 많이 했어도 아직 차나무 바닥에 있는 밭고랑 사이를 정확히 구별할 수

---

*여인들: 차를 따는 여인들을 부족말로 바간나이(Baganai)라고 부른다

여왕의 입맛을 훔친 홍차를 만나다

| 여왕의 대로

없기 때문이다. 일부는 고랑물이 흐르는 물길이라 따라만 가면 이상 없지만, 자칫하다가는 위험이 따를 수도 있다.

이들이 가장 먼저 하는 일은 일복으로 갈아입는 것이다. 입고 있는 옷 위에 덧입기도 한다. 나무 아래에서 부산스럽게 움직인다. 재색 비닐 앞치마와 파란색 숄이 그들만의 유니폼인 모양이다. 그런 다음 망태기에 달린 긴 끈을 머리 이게 위에 걸어 놓는다. 잎을 담기 위해서다. 마지막으로 챙이 넓은 밀짚모자, 자피(Japi)를 머리에 쓰면 준비 완료다.

그들에게 다가가자, 낯선 이의 등장에 잎을 따던 손들이 일순간 멈춘다. 묵직한 모자가 무게에 못 이겨 툭 떨어진다. 호기심으로 가득 찬 표정들이다. 먼저 씩~ 하니 웃음을 지으며, 넉살좋게 신고식을 치른다. 잎을 따던 손과 모자도 다시 제자리로 돌아간다.

그런데 느긋하던 손들이 일제히 급해졌다. 이파리를 쥐어뜯는다고나 할까. 움켜진 잎들을 부리나케 망태기 안에 던지고 있다. 무슨 경연대회라도 열리나 했는데 알고 보니 한 남자 때문이었다. 밭으로 들어오는 그의 모습이 어디서 본 듯하다.

다크 초콜릿 피부에 넓적한 코, 새까만 머리와 하마 입, 손에는 곡괭이, 어디서 봤더라……. 영낙없이 부시맨을 닮은 작업반장이었다. 진짜가 울고 갈 정도다.

내가 먼저 이름을 대니 남자도 자신이 '바우'라고 소개한다.

여왕의 입맛을 훔친 홍차를 만나다

1 여왕의 대로

여왕의 입맛을 훔친 홍차를 만나다

여왕의 대로

묻지도 않았는데 이곳 차나무는 아주 특별나다며 어깨를 으쓱 댄다. 옳거니, 그렇다면 로얄 브랜드(Royal Brand)를 알고 있을지도 모르는 일! 어쩌면 미션이 속히 끝나버리겠는 걸, 속으로 쾌재를 부른다.

그런데 그는 일에 몰두하느라 당장은 알려줄 기미가 안 보인다. 나는 한시가 급하지만 어쩔 수 없는 일이다. 여기는 세계에서 제일 느긋하다는 인도다.

바우와 동행해 초원을 걷는다. 싱싱한 찻잎은 햇살을 받아 반짝이를 뿌려놓은 듯하다.

'로얄'이라는 라벨이 붙여진 잎은 어떤 걸까. 'R' 자(字)만 봐도 내 안의 엔도르핀이 솟아날 기세다. 차 향기가 코끝을 감미롭게 스친다. 이파리를 만지면 푸른 물이라도 묻어나올 듯하다. 초원은 뱀처럼 꿈틀거리며 산줄기를 타고 펼쳐져 있다. 덩달아 오솔길도 리드미컬하게 움직이는 것 같다. 보이는 건 오직 두 가지 색깔 뿐. 푸른색과 파란색 사이에 피부색이 하얀 동양인이 끼어 있는 형국이다. 입에서 감탄사가 절로 터진다.

앞서가던 그의 모습이 어느새 점점 작아지고 있다. 따라잡기엔 이미 너무 멀어졌다. 홀로 걷게 되니까 발걸음이 마냥 느려진다. 모처럼 풍경에 맘껏 취해보고 싶었다. 그런데 저 멀리 풍경이 가물가물 움직이는 것이 아닌가. 사막의 신기루를 여기서 보다니.

| 여왕의 대로

여왕의 입맛을 훔친 홍차를 만나다

1 여왕의 대로

여왕의 입맛을 훔친 홍차를 만나다

| 여왕의 대로

여왕의 입맛을 훔친 홍차를 만나다

1 여왕의 대로

여왕의 입맛을 훔친 홍차를 만나다

알고 보니 지형 자체가 구부러져서 그렇게 보인 것이다. 구불구불한 선은 올라가다 다시 내려간다. 따라서 몸도 휘어진다. 업-다운 업-다운(up-down up-down), 초원이 노래를 부르고 있는 것 같다.

숨을 고르면서 뒤를 돌아보니까 경사가 꽤 되는 것 같다. 저런 길을 줄곧 지나온 것이다. 걸어가면서도 자꾸만 뒤를 쳐다보게 된다. 언덕은 언덕과 만나고 가파름이 가파름을 대면한다. 언제 끝날지 모르는 비경이 계속해서 나타나고 있다. 가슴이 마구 뛰고, 숨이 막혀 왔다. 이 모든 풍경이 황홀하게 아름다웠기 때문에!

여왕의 입맛을 훔친 홍차를 만나다

차밭의 런치타임

 런치타임, 수다가 한층 무르익고 있다. 어디고 먹는 자리는 시끄러워야 맛깔나는 법. 조용하면 어쩐지 허전하고 쓸쓸하다.
 펼쳐놓은 도시락을 보니 제각각 솜씨가 녹아있는 음식들이다. 주식인 밥과 달(Dal, 콩으로 만든 스프), 감자와 나물 무침 등등, 소박한 초식 식단이다. 밥은 몇 끼 먹어도 될 넉넉한 양이다. 얼추 밥과 반찬이 8:2 비율이 되지 않나 싶다. 어쩜 나 어릴 적 도시락과 똑같을까. 사진을 찍으면서 나도 모르게 입맛을 다셨나 보다. 속내를 알아차렸는지 서로 먹으라고 손짓을 보낸다. 맘은 굴뚝같은데 난감하다. 이들은 손이 숟가락인데 나까지 손으로 밥을 퍼먹을 수는 없는 노릇. 짜빠띠(밀빵)라면 한 쪽 집을 수 있겠지만 쌀보다 밀이 비싸서 그런지 빵은 안 보인다.

여왕의 입맛을 훔친 홍차를 만나다

| 여왕의 대로

여왕의 입맛을 훔친 홍차를 만나다

1 여왕의 대로

물끄러미 바라만 보고 있는데 이때 어디선가 '마담!' 하고 부르는 소리가 들린다. 한쪽에서 젖을 물리고 있던 아기 엄마다. 자기는 밥 생각이 없다며 도시락을 건넨다. 아기가 젖을 빨다 말고 나를 물끄러미 쳐다보다 이내 울 것 같이 입을 삐죽거린다. 순간, 내 입에서 용수철처럼 튀어 나온 건 '노우 땡큐!'. 아기를 보니 차마 엄마 음식에 손을 댈 수가 없었다. 괜찮다고 하는데도 재차 들이민다. 잠시 머뭇머뭇하다 감자볶음하고 나물 몇 점을 집어 먹었다. 짜이 한 잔 마시니까 그런대로 요기는 되는 것 같다.

그날 이후로 아기의 초롱초롱한 눈동자는 늘 가슴 한 구석에 머물러 있다. 지금쯤 무럭무럭 자랐겠지.

물과 짜이는 일하는 동안 수시로 제공된다. 대략 오전 열 시경과 런치 타임에는 물지게를 진 남자들이 종종걸음으로 가는 모습을 볼 수 있다. 무게에 못 이겨 양쪽 어깨는 기울고 다리는 휘청거린다. 물을 찔끔찔끔 흘리며 고갯길을 넘어갈 때면 아마 물의 반은 땅이 먹는 것 같다. 대부분은 물차가 동원되는데 차가 올라갈 수 없는 곳이나 오솔길에는 물지게가 한몫을 하게 된다.

물차가 도착하니 여기서도 꽤나 요란하다. 여인들이 스테인리스 컵을 들고 물통 앞으로 벌떼처럼 몰려든다. 나까지 낄 자리가 없는 줄 알고 받은 물을 먼저 건넨다. 점심은 숟가락 때문에 놓쳤지만 물이야 주는 대로 받아 마시니까 배에서 시냇물 소리가 난다. 내

1 여왕의 대로

여왕의 입맛을 훔친 홍차를 만나다

| 여왕의 대로

여왕의 입맛을 훔친 홍차를 만나다

뱃속에서 나는 소리를 듣더니 여인들 사이에서 웃음이 터졌다. 수다만큼 웃음도 한통속이다. 주는 밥은 거절하고 물로 배를 채우는 내가 이상해 보였을 거다. 즐거워하는 그들의 모습을 보니까 허기가 채워지는 느낌이다.

  수다와 웃음이 멈추지 않는 걸 보면 이들은 분명 행복지수가 높은 사람들이다.

여왕의 계시를 받다

 차밭의 풍경에 푹 빠져 어언 몇 주가 흘렀다. 미션은 오리무중인데 눈 호강만 하면서 아까운 시간을 축내고 있는 것이다. 퍼즐 맞추기에 비유하자면 귀퉁이 한두 개 조립하다 손을 놓고 있는 거다.

 사실 차밭 사람들과는 영어는 물론 인도의 공용어나 아쌈 말도 통하지 않는다. 티 부족들(Tea tribes)만의 언어가 있어서 종종 세계어인 바디 랭귀지로 대신해야 했다. 영어가 치명적인 나로서는 어쩌면 다행인지도 모르겠다.
 그러나 기본적인 소통에는 지장이 없다. 눈높이를 맞추면서 트고 지낸 시간이 길었기 때문이다. 이제는 표정만 봐도 대충 감을 알 수 있다.
 답답한 것은 나의 미션에 대해 딱히 물어볼 사람이 없다는 것이다. 작업반장한테 한 가닥 희망을 걸었건만 그나마도 모르쇠로 일관한다. 정말 모르는 걸까. 답답한 속은 점점 숯검댕이가 되어가고 있었다.

로얄 브랜드님! 당신은 어디 있나요?

여인들이 일하는 장소는 그날그날 사무실 보드에 적혀있다. 섹션(section) 넘버 1, 2, 3……, 방대한 면적이라 미리 확인을 해두지 않으면 터줏대감도 헷갈린다. 나야말로 알 턱이 없으니까 일찍 나와서 그들 뒤만 졸졸 따라다녀야 한다.

망태기를 채우는 데는 얼추 두 시간 정도 걸린다. 한 손으로는 잎을 따고 다른 손으로는 따는 족족 망태기에 떨어뜨린다. 꼭꼭 채우려면 발로 밟아줘야 하기 때문에 여자들에게는 힘에 부치는 일이다. 속이 빵빵해졌으면 지정된 장소에 가서 풀어 놓으면 된다. 머리에 짐을 이고 줄줄이 걸어가는 모습은 마치 파노라마 촬영 장면을 보는 것 같다. 그 아름다운 모습 속에 치열한 삶이 들어 있었다.

차의 세계에도 마이더스의 손이 있다. 1분에 80~100개 정도 딸 수 있는 숙련자를 말한다. 양 손이 번갈아 잎을 딸 때면 시계 초침 똑딱거리듯 아주 절도 있다. 그들은 두 사람 몫을 하는 셈이다.

연령대는 다양하다. 가끔 40세 아주머니인데 60세로 보이는

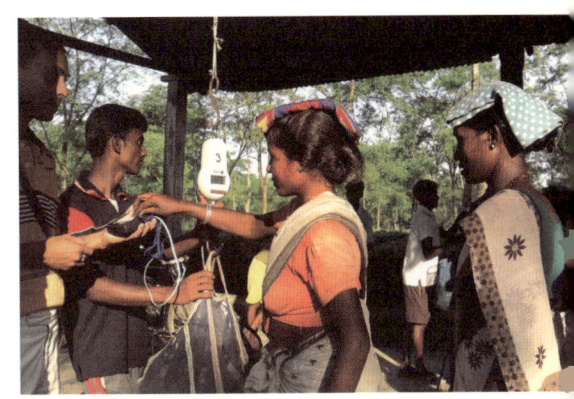

1 여왕의 대로

분도 계신다. 어깨는 구부정하고 표정은 지쳐 보인다. 손이 굼뜨니까 행동도 굼뜨게 된다. 머리에 이고 있는 망태기는 찻잎을 담지 않아도 무게가 만만찮다. 이분은 아무래도 작업반장에겐 눈엣가시일 것이다. 바라보는 마음이 한없이 안쓰럽다.

망태기를 채워 지정 장소에 가면 전자 저울(뉴 시스템 검색대)이 기다리고 있다. 목에 걸고 있는 ID 카드(identification card)를 댄 다음 짐을 올려놓으면 이름과 용량이 자동으로 입력된다. 그런 다음 다시 짐을 이고 트럭으로 간다. 여기까지는 오로지 혼자 힘으로 무게를 감당해야 한다.

건장한 청년들이 기다리고 있다가 짐을 받는다. 1번 청년이 짐을 받아서 2번 청년에게 넘기면 2번은 트럭 위에 있는 3번 청년에게 넘긴다. 금세 짐칸이 푸른 산더미를 이룬다. 자칫 산사태가 날 염려가 있으니까 수시로 산더미들을 밟아준다. 팔팔했던 이파리들이 마구 쪼그라든다. 이 광경도 쉽게 볼 수 없는 장관이다.

이렇게 오전 오후 걸쳐 두세 번 하다 보면 하루치 7.5kg은 채우는 셈이다. 10,000여 장의 잎을 따면 대략 1kg의 무게가 나온다. 부지런만 떨면 오후 시간은 뭘 하든 자유다. 다시 잎을 따러 밭으로 가는 사람들이 있긴 하지만 대부분은 도시락 통을 들고 자기들만의 쉼터로 간다. 그들을 눈으로 쫓다가 내처 따라가 보기로 한다.

각자 입었던 앞치마를 바닥에다 나란히 깔아 놓으면 즉석 피크닉 돗자리가 완성된다. 순식간에 다양한 메뉴들로 성찬이 차려진

| 여왕의 대로

다. 염치 불구하고 그들 틈에 끼어 앉는다. 이젠 으레 그러려니 자리를 내준다. 눈으로 대충 메뉴를 익혀 놓은 다음에는 손가락만 움직이면 된다. 소박하지만 인심만은 넉넉하다. 처음에 한두 번은 사양했는데, 배고프니까 나만 손해다. 자리를 할 때마다 눈치껏 얼마씩 기부하니까 낯이 조금 서는 것 같다. 나눠 먹으니까 많이 먹지 않아도 배가 부르다.

후식으로 짜이를 마시면서 이야기꽃을 피우기도 하고 더러는 오수에 취하기도 한다. 보이는 대로 디카를 눌러 댔더니 수저 대용인 손가락이 얼얼하다. 식곤증에 몸까지 나른해져 그들과 나란히 누웠다. 하늘은 차밭과는 또 다른 푸름을 보여주고 있었다.

| 여왕의 대로

여왕의 입맛을 훔친 홍차를 만나다

그녀는 먼 길을 걸어 어느덧 런던의 버킹엄 궁전에 닿았다. 얼굴의 두 배나 되는 까만 털모자에 빨간 제복을 입은 근위병이 정문 앞에 목석처럼 서 있다. 나팔수의 팡파르가 울리면서 여왕의 행렬이 지나고 있었다. 여왕은 트레이드마크인 별 사탕만한 진주 목걸이와 이어링을 하고 있다. 행렬이 잠시 멈추고 여왕이 그녀에게 말을 건넨다.

"먼 곳에서 오셨네요. 당신이 찾고 있는 차는 당신 가까이에 있답니다."

"네? 거기가 어딘데요? 어디요, 어……디…….'

누군가 내 어깨를 흔든다. 쪽잠이었다. 꿈에서까지 로얄 브랜드를 찾아 헤매고 있었나 보다. 나는 '당신 가까이에 있다'는 여왕의 계시에 두 손을 번쩍 치켜 올리고 기쁨의 아리아를 불러댔다. '여왕의 홍차는 이곳에 있다~~~~!'

| 여왕의 대로

나는 도둑이 아니라고요

 분명 입이 귀에 걸려 히죽대고 다니는 내가 이상해 보였을 것이다. 차밭 여인네들끼리 수군대는 현장이 내 주파수에 잡힌 일도 있다. 꿈 이후로 한동안은 들떠서 제정신이 아니었다.

 하루는 그들을 따라가다 몇몇은 다원으로 안 가고 옆길로 빠지는 것을 목격했다.
 댓바람부터 어디를 가는 걸까. 직감에 따라야 할 것 같아 곧바로 뒤에 붙었다. 그런다고 뭐라고 할 사람도 없다. 그들이 사는 동네도 지나고 우리네 농촌과 비슷한 논밭도 지나고 있다. 어떻게 된 마을이 가도 가도 끝이 안 보이는 걸까. 자전거라도 지나가면 무조건 업혀가고 싶은 심정이다. '로얄 브랜드'에 대한 힌트라도 얻을

여왕의 대로

까 하고 무턱대고 따라왔는데 공연한 헛수고는 아닐지 모르겠다. 궁금해서 입이 근질근질한데도 꾹 참는다.

길은 서서히 언덕과 비탈을 교대로 지나가고 있다. 여기서부터 풍경의 레벨이 바뀐다. 양 옆으로 산자락이 구름에 보였다 숨었다 숨바꼭질을 하며 한 폭의 산수화를 그려낸다. 나는 이 모습에 '풍경 2호'라고 이름을 붙였다.

이런 수려한 풍광을 보고도 그냥 지나치면 두고두고 후회할 것 같아 이쯤 해서 한 박자 쉬어갔으면 하는 바램이었다. 그러나 나의 간절한 바램은 곧 접어야 했다. 여인네들의 발걸음이 전장에 나가

여왕의 입맛을 훔친 홍차를 만나다

는 병사들처럼 비장해 보였기 때문이다. 정말 걷는데 있어서는 지치지 않는 체력들이다.

　마침내 그들의 발걸음이 비닐하우스 촌에서 멈춘다. '외부인 출입금지' 팻말을 무시하고 그들을 따라 안으로 들어갔다. 갓 자란 차나무들이 옹기종기 붙어 있다. 화단마다 나무의 상태와 나이가 적혀 있다. 인부들은 마치 아기 다루듯 살갑게 나무들을 살피고 쓰다듬는다.
　함께 간 여인들이 앞치마를 두르더니 망태기에서 잽싸게 전지가위를 꺼낸다. 나뭇가지를 잡더니 세 번째 잎 밑가지를 조심스럽게 잘라낸다. 그것을 텃밭에다 박는 작업을 하는 것이다. 꺾꽂이 작업을 얼마나 많이 했으면 가위를 대는 족족 똑같은 길이로 잘려 나온다.
　더러는 양손에 묘목을 들고 바깥으로 나가기도 한다. 6개월쯤 되어 20cm 정도 자란 나무를 모종하는 작업이다.
　남자들은 일을 하기 보다는 뭔가를 지시하고 있다. 그 중 흰 가운 입은 남자가 아까부터 내 옆에 따라붙고 있었다. 아무래도 낯선 이방인을 의심하는 눈치다. 가는 곳마다 따라오니 내 기분이 좋을 리가 없다.
　"왜 자꾸 따라다니죠? 아무려면 나무를 가져가겠어요? 난 여행자라고요."
　"마담! 여기는 특별관리 구역입니다. 팻말 못 보셨어요? 아무나 들어올 수 없어요. 저희가 난처한 입장이라고요."

나도 영어 할 줄 안다. 물론 팻말대로 하면 들어오지 말았어야 한다. 그러나 때론 얼굴에 철판을 깔아야 할 때가 있다. '나 홀로 여행'의 기본 수칙이다.

"얼마 전에 나무 몇 그루가 없어졌는데, 여태 범인을 못 찾았어요."

이젠 도둑으로까지 몰린다 생각하니 기가 막혔다.

"네? 훔쳐가다니요?"

"여기 보세요! 나무들마다 일련번호가 매겨져 있다고요."

보여준 나무의 번호는 백만 단위였다.

"실은 병충해 방지를 위해 신발도 소독을 하고 들어와야 해요."

내 신발이 병이라도 옮긴다는 건지, 당당한 그의 말투가 내 자존심을 건드린다.

그의 업무는 나무의 성장 과정을 관찰한 다음 상부에 보고를 하는 것이란다. 그렇게 하지 않으면 '아웃'이라고 손으로 목을 긋는 시늉을 한다. 장난치는 걸 보면 나를 향한 의심은 조금 가라앉은 듯하다. 흰 가운의 남자는 연구관이었다. 나무 몇 그루 훔쳐가 봐야 쓸모도 없는데, 어느 바보의 소행이라고 그가 덧붙였다.

도대체 어떤 나무길래 신주 단지 모시듯 하는 걸까.

파블로프*의 개처럼 나의 본능이 발동하기 시작한다. 이마를 버스에 부딪칠 정도로 굽혔던 순발력이 꿈틀댄다. 어쩌면 미션의 첫 단추가 풀릴 지도 모르는 일!

나는 한결 나긋나긋한 말투로 그에게 말을 건넸다.

"여기 나무들은 뭐가 다른가요?"

"종자 자체가 달라요. 일명 '로즈 나무'라고 하죠."

"로……즈…… 나무요? 그렇다면 와, 왕……실용 차나무인가요?" 흥분이 돼서는 말까지 더듬는다.

"왕실용인지는 모르겠어요." 이런……, 온몸에 힘이 쭉 빠진다.

"여기 잎으로 만들어진 홍차는 특유의 로즈향이 나요. 우리는 이 나무들을 2년까지만 보살피지요."

그는 설명을 이어갔지만, 나에겐 더 이상 물어 볼 기운이 남아 있지 않았다. 자존심에 상처를 입어서 그런가!

**파블로프: 이반 페트로비치 파블로프(Ivan Petrovich Pavlov) 러시아의 생리학자. '파블로프의 개 실험'으로 유명하다.

1918년생 차나무를 만나다

다시 기운을 차린 나는 '로얄 브랜드'의 진실 찾기에 나섰다. 그 연구관은 모른다고 했지만 내 직감은 로즈 나무와 로얄 브랜드가 연결되어 있다고 말하고 있었다.

경비는 내 차림새를 보더니 마땅치 않다는 태도를 보인다. 티 연구소(Tea research association)* 메인 게이트 안쪽에 서서 내 신상에 대해 꼬치꼬치 캐묻는다. 그에게 명함을 내밀자 아쌈 책을 두 권이나 쓴 저자라는 데에 표정이 돌변한다.

Mr. B를 만나러 왔다고 했다. 사전에 담당관 이름을 알아냈던 터라 어렵지 않게 입이 열렸다. 즉시 전화를 걸어 확인을 하는 것 같

---

*티 연구소(Tea research association): 조르하트(Jorhat, 수도 구와하티에서 315km) 시내에서 12km 떨어진 토끌라이(Tocklai) 마을에 위치해있다.

다. 까다로운 통과절차는 사인 하나만으로 충분했다. Mr. B를 만나서도 명함 덕을 톡톡히 보았다.

"페이스북(Face book)도 하세요?" 역시 놀랍다는 눈빛이다. 더 이상 내가 나를 홍보할 필요가 없어졌다. 이미 SNS(Social Network Service)도 나의 홍보대사가 되어 있었다.

나의 방문 목적에 대한 프리젠테이션은 간단명료했다. B는 고개를 끄덕이더니 안내해 줄 과학자 A를 소개한다. 그러면서 보안상 내부 일부만 보여 주겠단다. 이나마도 생색을 얼마나 내는지 내 입장에서는 더 겸손해야 했다.

티 연구소의 정원에 들어서자 천지가 들꽃이다. 형형색색의 꽃들이 눈을 즐겁게 해준다. 차나무가 보이지 않아 이상하다 했더니, 곧 이어 푸른 세상으로 덮여진 차나무들이 길을 안내한다. 끊임없이 가지를 치고 나간 나무들이 덤불숲을 이룬다. 접붙이기와 꺾꽂

이 그리고 파종, 무성방식을 통해 자란 나무들이다.

  과학자 A는 개량종과 재래종 차나무의 학명을 일일이 설명해 주는 자상함을 보였다. 식물 이름 외우는 데는 젬병이라 듣고는 잊어버렸지만.

  A와 나는 유난히 잎이 파룻파룻해 보이는 건강한 차나무 곁을 지나게 된다. 설명에 의하면 1918년생 마더 플랜트(Mother plant)*의 후예들이란다. 유전자 개량을 통한 생명 공학적 연구를 지속하며

---

*마더 플랜트(Mother plant): 연구용 차나무 씨앗의 원조.

여왕의 입맛을 훔친 홍차를 만나다

1 여왕의 대로

지금까지 잘 키우고 있다고 자랑이다. 그럴 때는 고개만 끄덕이지 않고 대단하다고 추켜세운다. 더불어 감탄사도 아끼지 않는다.

중앙에 위치한 국제회의실 빌딩은 이곳을 대표하는 얼굴이다. 명칭 또한 듣고도 잊어버렸지만 유명한 건축가의 작품이라고 한다. 샛길을 따라 여러 시설물들을 보여주는데 보아하니 연구에 쓰이는 물건들인 것 같다.

드디어 연구소 안으로 들어섰다. 복도 보드에는 실험 결과가 무수한 그래프로 그려져 있고 수많은 종류의 찻잎들이 원형 그대로 박제되어 있었다. 박제를 보니 마음은 학창시절로 순간 이동된다. 책갈피에 색 고운 단풍잎과 은행잎을 끼워 간직했던, 순수했던 그 시절로…….

눈여겨보니까 찻잎들은 제각각 모두 달랐다. 이렇게 많은 종자가 있었나 할 정도였다.

A의 선심 쓰기는 여기까지였다. 자기 임무는 끝났다는 태도다. 그러나 내 입장에서 이건 아닌 것이다. 결코 차나무 종자를 보겠다고 이 고생을 마다한 건 아니다.

"혹시 '로얄 브랜드'는 여기 없나요?"

A는 무슨 말을 할 듯하다가 안 한다. 재차 물어봤다.

"저는 유전자 연구관일 뿐입니다."

속에서 열불이 난다. 목마른 놈이 우물 판다고 한 번 사정이나 해 보기로 했다. 떠나려는 그를 붙잡고 지금까지 거쳐 온 나의 '로얄 브랜드 순례기(!)'를 구구절절이 읊었다. 나의 열정에 그의 마음이 움직이는 듯하다.

"OK! 알아보겠습니다."

"Really?"

기쁨의 함성이라도 지르고 싶었다. 그를 따라가는 발걸음이 왈츠 리듬을 타듯 경쾌하다. 그런데 같이 들어간 곳은 B가 근무하는 사무실이었다. 나를 의자에 앉혀 놓고 둘이서 한참 얘기를 나누고 있다. 뭔데 이렇게 시간을 끄는 걸까.

벽에 걸린 캘린더를 보며 아쌈에 온 지도 그새 한 달여가 지나갔단 생각을 했다. 이런 저런 생각을 하고 있는데 배꼽시계가 신호를 보내오는 것이 끼니때가 된 것 같다. 조금 있다 A와 동행해 점심 식사를 할 계획을 세워 본다.

한참이 지난 후, 여직원이 차를 내온다. 내 눈은 럭셔리한 찻잔에 머문다. 이렇게 황홀한 찻잔은 처음 본다. 은은한 사파이어 빛깔에 장미꽃 문양이 그려진 잔이다.

밀크 섞인 짜이가 아닌 스트레이트 홍차였다. 연구소라 차 대접도 다르다고 생각하며 한 모금 마시려는 찰라 A가 말을 꺼냈다.

"특별히 드리는 선물입니다. 맛이 어떤가요?"

마음속을 온통 '로얄 브랜드'가 차지하고 있던 터라 뺄리 본론은 말하지 않고 웬 차 맛을 묻는지 시큰둥하고 있는데,

"로얄 브랜드입니다."

하마터면 찻잔을 떨어뜨릴 뻔 했다. 찻잔을 잡은 손이 떨리고 있음이 감지된다. 가슴 속에서도 찌릿찌릿 전류가 흐르고 있다. 맥박이 거세게 몰아친다.

"어서 드세요." 하는 말이 귓전에서 윙윙댄다. 정신이 들 때까지 꽤나 시간이 흐른 것 같다. 차가 정신을 맑게 해 준 덕분인지, 서서히 진정이 되고 있었다.

아! 차마 가격을 매길 수 없는(priceless), 여왕이 마시는 차를 마셨다. 그 순간만은 나도 엘리자베스 여왕이었다. 꿈에서도 찾아 헤맸던 Ma-velous!

평생에 잊지 못할 귀한 선물을 받았는데, 정작 무슨 향이 났는지 또 맛이 어땠는지 기억에 없다. 이 말만 가물가물 기억 속에 남아 있을 뿐이다.

"저희도 선물 받은 거예요. 죄송합니다만 이곳은 유전자 연구소라 자세한 걸 알고 싶으시면 국립 차 감정원으로 가셔야 하는데 너무 멀어서……"

일전에 꿈에서 뵈었던 여왕의 말씀이 떠올랐다.

그건 개꿈이었어!

내 뒤를 따라오는 그림자가 유난히도 길다. 갈 길은 먼데 해는 서산에 지고 있으니.

'이 정도면 기본 줄기는 찾은 거 아닌가. 이쯤 해서 여행이나 다

니는 게 어때? 사서 생고생을 하고 난리야?'
 내 마음 속에서 끊임없이 이런 이야기들이 맴돌고 있었다. 개울이라도 보이면 정신이 번쩍 들게 물속으로 텀벙 들어가고 싶다.

2
1만개의 잎, 1kg의 차

여왕의 이름을 가진 마을

 나는 지금 길 위에 있다. 지금은 울퉁불퉁한 흙길이지만 언젠가는 평탄한 포장도로로 변할 것이다. 포장도로였다면 갈색의 흙길과 파란 하늘이 극대비되는 풍경을 사진 속에 담지 못 했을 것이다. 자연이 스스로 관리한 길만이 온전한 자연의 색을 연출할 수 있다. 그 길에 사는 사람들 또한 그 색을 닮았다.
 여왕의 이름을 가진 마르게리타(Margherita)* 마을도 그런 사람들이 사는 곳이다. 지명이 흥미롭다. 원저를 비롯해 로얄 패밀리에 관계된 명칭들이 속속 출현하고 있다.

---

*마르게리타(Margherita): 사보이 여왕 이름. 사보이 왕가(Casa di Savoia)는 1023년 지금의 이탈리아와 에스파냐 등지에서 군주를 배출한 가문. 아쌈의 수도 구와하티(Guwahati Capital)에서 동남쪽으로 532km에 위치.

2 1만개의 잎, 1kg의 차

┃광산마을 표지판　　　　　　　　┃기차역

골목에 들어서니 초입부터 온통 푸른색이 조화를 이룬다. 마을을 감싸고 있는 초가지붕 모양의 산과 길가에 흐드러진 야생초가 그렇고, 집들의 싸리나무 울타리와 사람들의 싱그러운 미소가 그렇다. 파릇파릇한 풍경이 여행자의 마음을 풍선처럼 떠오르게 한다.

한동안은 마음이 그렇게 뜨거울 수가 없었다. '로얄 브랜드'의 기운이 내 몸과 마음을 지배해서 그랬을 것이다. 그러다 지쳐가는 자신을 발견한 것이다. 이러다간 여행이 아니라 고행이 될 것 같았다. 잠시 접어두고 마음을 다독이고 싶었다. 어수선한 생각도 정리할 겸, 2보 전진을 위한 1보 후퇴를 하기로 한 것이다. 이렇게 느긋이 걷고 있으니 흥미로운 이름의 마을도 발견하고 좀 좋은가 말이다.

"목적지에 닿아야 행복해지는 것이 아니라 여행하는 과정에서 행복을 느낀다." -앤드류 메튜스[*]

[*]앤드류 메튜스(Andrew Matthews): 호주 출생. 베스트셀러 작가이자 카투니스트(cartoonist). 대중 연설가. 〈행복을 그리는 철학자〉외 다수의 저서 저술.

야트막한 초가집들이 소꿉놀이 그릇처럼 옹기종기 모여 있다. 흙벽 곳곳에 패인 자국이 세월의 흔적을 말해 준다. 싸리나무 울타리가 길과 집의 경계선을 적당히 그어주고 있다. 한 발만 안으로 들이밀어도 어느 집 마당이 되는 것이다. 갈라진 흙벽 사이로 오렌지 빛 아침 햇살이 실크 드레스 자락처럼 사르르 흘러내린다.

마당 안쪽에서 한 여인이 빼꼼 얼굴만 내밀고 있다. 낯선 이를 향한 호기심이 엿보인다. 입가에 머문 미소가 발걸음을 멈추게 한다. 나물을 만지다 만 손으로 들어오라는 신호를 보낸다.

술렁이는 소리가 나더니 꼬마들이 후닥닥 뛰쳐나와서는 내 주위를 에워싼다. 경계심으로 가득 찬 까만 눈망울들이 어른들을 불러 모은다. 안에서는 손님이 왔다고 침구 정리 하느라 부산을 떤다.

'내가 너무 일찍 왔나.' 권하는 의자에 앉으니 방바닥에서 흙 내음이 솔솔 올라온다. 진흙 벽이 낯설지만은 않다. 살림살이는 조촐하니 넉넉해 보이지는 않는다. 짜이 마시겠냐는 제의에 주저 없이 OK! 그렇잖아도 한 잔 당기던 참이다.

꼬마들은 나의 일거수일투족을 숨도 안 쉬고 주시한다. 어른들이 저리 가라고 하는데도 아랑곳하지 않는다. 아이들이 지켜보고 있으니 짜이가 목으로 넘어가지 않는다. 찻잔이 비워질 즈음, 여고생 또래의 아가씨가 내 앞에 서서 기본 면담에 들어간다. 여인의 딸, 조띠다.

"어느 나라에서 왔어요? 숙소가 어디에요? 왜 왔어요?"

2 1만개의 잎, 1kg의 차

어디를 가나 한결같은 질문이라 대답도 한결같다. 면접관(?) 조띠는 내 대답이 마음에 들었는지 다원에 갈 때 동행을 해준단다.

내 안에서 에너지가 다시 솟구치는 게 느껴진다. 저기 푸른 들판의 끝은 어디일까? 지병인 호기심이 다시 도지기 시작한다.

2 1만개의 잎, 1kg의 차

그곳엔 나의 자매가 산다

오늘은 조띠와 뒷동산으로 가벼운 산책을 나선다. 새벽비가 한 차례 뿌리고 난 뒤라 공기가 상쾌하다. 손을 꼬옥 잡고 풀길을 따라 올라간다. 모처럼 나들이 나온 엄마와 딸처럼 설렌다. 드레스 코드까지 서로가 닮았다. 내 복장이야 원래 그렇지만, 그녀까지 반바지에 가벼운 산보 패션이다.

아래에서 볼 때는 완만하게 보이던 언덕이 막상 발 앞에 닿으니까 만만찮다. 등에 땀이 찰 정도로 올라왔는데도 이제 겨우 중턱을 찍고 있다. 조띠가 손수건을 꺼내 구슬땀을 닦는 동안 나는 태극부채를 꺼내 신선이나 된 마냥 부채질을 해준다.
하늘 아래 보이는 건 오직 널따란 푸른 물결뿐. 물결은 햇살과 바람에 몸을 맡긴 채 끝없이 넘실대고 있다. 늘 보는 차밭인데 오늘따라 유난히 반갑다. 새 애인을 보는 것처럼 신선하다. 평생 처음 대지에 대고 입맞춤을 다 해본다. 햇살은 꿀맛 같고 바람은 시원한 냉 음료 같다.

차밭에서 잎을 따는 작업을 거들기로 했다. 손을 타는 여린 이파리가 애처롭고 앙증맞다. 그늘 사이로 아슬아슬하게 달려 있던 이슬방울이 또르르 굴러 떨어진다. 잎의 안쪽에 겨우 붙어 있는 뽀얀 솜털이 파르르 떨고 있다. 마구 따기가 조심스럽다. 이곳 사람들은 어떻게 하면 단시간에 많은 잎을 딸 수 있을까 고민할 것이다. 노동으로 잎을 따는 사람과 감상으로 잎을 따는 사람은 이렇게 마음가짐이 다르다.

꿀벌이 1kg의 꿀을 모으기 위해서는 560만 송이의 꽃을 찾아야 한다고 한다. 생존을 위한 경쟁은 사람도 예외가 아니다. 여기 사람들은 1kg의 차를 만들기 위해서 1만 개의 잎을 따야 한다. 우리는 모두 자기 자리에서 1인분의 성과를 내기 위해 치열하게 살고 있다.

도시에 사는 사람들은 그런 삶을 살면서 몸은 넉넉할지 모르지만 마음은 가난하다. 반면 이곳 사람들은 마음이 넉넉하다.

신나게 잎을 따고 있는데 조띠가 그만하라고 한다. 평소 해본 사

람이 아니고는 힘들단다. 사실 얼마 안 땄는데도 손가락이 아릿하다. 그새 물이 들어 손바닥도 파르스름하다. 엄지로 도장을 찍으면 푸른 이파리 모양이 찍힐 것 같다.

조띠는 특별했다. 그녀가 미소를 날릴 때는 행복 바이러스가 퐁퐁 솟는 듯하다. 서로가 영어에 서툴지만 그렇다고 의사소통에 어려움은 없었다. 못 하기 때문에 눈치를 헤아려 주고 눈빛만 보아도 어느 정도 감은 잡을 수 있다. 언어는 있으면 더 편리한 도구 중 하나일 뿐이다.

기분이 한없이 업 되고 있는 오후다. 우리는 흥에 겨워 룰루랄라~ 하며 풀 바닥에 철퍼덕 앉았다. 저 아래로 올망졸망한 집들이 보였다 안 보였다 한다. 햇빛 순도 100%인 밭에서는 그늘이 없다. 모자를 푹 눌러쓰고 양산을 쓰고, 이것도 모자라 자외선 차단 크림에 선글라스까지 착용했다. 네 가지 모두 해당사항이 없는 조띠는 나의 이런 지나친 치장을 보더니 킥킥댄다. 선글라스를 어디서 샀냐고 묻는데 아마 탐이 나나 보다.

"혹시 로얄 브랜드 티를 알아? 영국 왕실에서만 마신다는 티 말이야. 원저나 마르게리타 빌리지에 있다고 들었거든."

"잘 모르겠는데요."

"어떻게 외국인인 나보다 몰라?" 그녀는 헤헤 웃기만 한다. 별로 관심이 없어 보인다.

2 1만개의 잎, 1kg의 차

2 1만개의 잎, 1kg의 차

'아, 어디서 알아본다?'

한참을 멍하니 있으니까 내 속을 알아채고 동네 어른들한테 물어봐 준단다.

새벽 비에 젖은 풀길이 밟을 때마다 자박자박 한다. 내려가는 길이 여간 조심스러운 게 아니다. 자칫하면 미끄러질 것 같다. 조띠는 언니라도 된 것처럼 한걸음 뗄 때마다 아주 천천히, 조심하라고 일러준다. 그러마 하고 내려가는데 나도 모르게 '아!' 소리를 내며 주저앉고 말았다. 오른발이 심상찮다.

그녀의 큰 눈이 더 커지더니 울상이 된다. 자기 몸에 기대 일어나 보라고 한다. 간신히 일어나긴 했는데 오른발이 바늘에 찔린 것만큼 아프다. 도로 풀밭에 주저앉는다. 애꿎은 양산과 모자를 집어던진다.

'나 홀로 여행'에서 몸의 기둥인 다리를 다치다니, 상처는 금세 마음까지 전염된다. 발에 깁스한 모습이 스쳐간다. 이제 여행이고 뭐고 끝장이란 생각이 든다. 앞이 캄캄하다. 결국 엉엉 울음을 토해내고 말았다.

그녀는 자기 몸무게의 거의 한 배 반이 되는 내 몸을 부축하느라 쩔쩔맨다. 한 쪽 발을 절룩거리며 그녀의 어깨에 의지해 반은 끌려가다시피 해야 했다. 이 꼴을 해 가지고 언제 비탈길을 다 내려가나, 한심스럽다. 얼마 걷지도 않았는데 두 사람의 몸은 땀으로 흥

건하다. 작은 몸에 의지하려니 서로가 지친다. 이대로는 안 되겠다 싶어 내 휴대폰으로 그녀 삼촌에게 SOS를 치기로 했다. 그나마 다행인 것은 아직 해가 기울지 않았다는 것!

헐레벌떡 뛰어오는 모습에 또 다시 눈물을 찍는다. 삼촌 팔에 이끌려 간신히 걷는데 통증이 점점 심해지는 것 같다. 지난 일들이 주마등처럼 흘러가고 눈물샘은 멈추질 않는다.

그녀가 별일 아닐 거라며 울지 말라고 다독인다. 진짜 언니 같다. 발등은 소다를 집어넣은 '달고나'처럼 부풀어 올랐다. 간신히 다원 안에 있는 병원 정문까지는 온 것 같다. 흰 가운 입은 사람들이 오가는 걸 보면서 우리는 그만 정문 바닥에 잎어지고 말았다. 다시 남자들 몇몇에 의지해 병원 안으로 들어가는 내 꼴이란…….

삼촌은 의자에 앉아서도 여전히 가쁜 숨을 몰아쉬고 있다. 40여 분을 부축하고 왔다는데 내게는 몇 시간 같았다. 어떻게 여기까지 왔는지 기억이 가물가물하다. 애들 앞에서 미안하고 민망해서 얼굴을 못 들겠다.

다행히 접질렸을 뿐이라는 진단이 나왔다. 깁스는 안 해도 되고 며칠 걷지 말고 푹 쉬란다. 언니(?)는 의사의 말에 축하한다고 소리를 지르고 손뼉을 친다.
"High five!" 내 입이 함박만 해진다.
간호사들이 다친 부위를 눌러가며 연고와 파스를 처치한다. 함박 입이 다물어지기도 전에 '악악!' 소리가 나오니 진찰실이 웃음바다가 된다. 다친 다리를 위로 올리고 한참을 있으니까 통증도 조금씩 가시고 붓기도 가라앉았다. 이럴 때 침 한 방 맞으면 끝나는 건데.

마을에서만 일주일 이상 머물렀다. 덕분에 현지인들만 아는 뷰포인트를 볼 수 있는 행운을 안았다. 언젠가 아쌈에 다시 가게 된다면 마르게리타를 가장 먼저 찾을 것이다.
조띠에게 주려고 선글라스까지 사 놓았다.

위 아 더 패밀리

 꼬마들이 '제타이(Jethai, 아줌마) 제타이!' 부르면서 내 뒤를 졸졸 따라다닌다. 어른들마저도 그렇게 부른다. 다른 도시를 가면 '마담'이라고 부르건만. 동네 사람들이 내 옆으로 지나갈 때면 나에게 "위 아 더 패밀리" 하는데 반은 놀리는 것처럼 들린다.
 "얘들아! 내가 어째서 너희랑 가족이니?"

 인도는 거대한 다민족 국가다. 수천 년 동안 다져진 다양성은 인도 문화의 한 코드를 이루고 있다. 다양한 문화의 콜라주, 그것이 인도다. 인도 화폐엔 16개의 공용어가 실려 있다. 28개 주 중의 하나인 아쌈 주*도 예외가 아니다. 다양한 피부색이나 생김새는 별

---

*아쌈(Assam) 주: 중국과 미얀마, 방글라데시에 인접해 있고 부탄과는 국경을 마주하고 있다. 변방의 7개 주 중앙에 있으며 실제로도 중심 역할을 하고 있다. 〈아쌈 차차茶〉 17쪽.

스러울 것이 없다. 다름을 당연한 것으로 받아들인다. 그래서 어느 나라 사람이든 간에 스스럼없이 대해주는 편이다. 모두가 똑같아야 하는 땅에서 온 나는 이들의 넉넉한 시선이 부럽고 고맙다.

 아쌈 주는 영국의 식민지가 되기 전, 600년간 태국과 미얀마의 지배 아래 있었다. 그런 영향인지 내 모습이 아쌈 사람들과 닮았다고 한다. 확인은 안 해봤지만 그들에게 몽고반점도 있다고 한다. 해외여행을 하다 보면 일본 사람 아니냐는 질문을 많이 받는데, 아쌈에서 그렇게 물어보는 사람은 하나도 없었다. 이 정도니 아이들 눈에도 내가 아쌈인과 닮았다고 보는 거다.

2 1만개의 잎, 1kg의 차

버스로 두 시간만 가면 중국과 국경을 맞대고 있는 인도 땅의 끝이 나온다. 오래 전 네팔리(Napali, 네팔 사람들)들이 중국을 거쳐 인도로 들어와 보금자리를 이룬 곳이 마르게리타다. 아쌈의 히스패닉 계 네팔리, 그들과 나는 어느덧 한 가족이 되었다.

"문화는 서열이 없다. 다만 다를 뿐이다." -박범신

그렇다! 인종이나 국가에 순서를 매길 수는 없다. 단지 있는 그대로 존재할 뿐이다.

바나나 잎이 그늘을 드리운 길 한쪽 모퉁이에 걸터앉아 글을 쓰고 있다. 지나가던 꼬마들이 묻는다.
"뭘 쓰고 있어요?"
"위 아 더 패밀리!"

2 1만개의 잎, 1kg의 차

아쌈 땅 끝에 서다

 나는 매일같이 걷고 또 걸었다. 로얄 브랜드를 찾고야 말겠다는 열정은 쉽게 사그러들지 않았다. 산 중턱에 이르자 안개가 자욱이 핀 것 같은 스모그현상은 사라졌다. 산 아래엔 아직도 뽀얀 안개가 마을을 휘감으며 피어오르고 있다. 걸어서 좋은 것 한 가지는 나 역시 풍경이 된다는 것. 바람에 날리는 먼지조차 나비의 날갯짓이다.

 발아래는 삶의 터전이 펼쳐진다. 오밀조밀 모여 있는 집이 걸리버 여행기에 나오는 소인국 같다. 그 풍경을 굽어보는 나는 걸리버가 된다. 소인국 사람들이 일터로 나가는 길에 걸리버와 마주친다. 오래 전부터 잘 아는 사이처럼 우리는 스스럼이 없다. 자신들 소유

2 1만개의 잎, 1kg의 차

여왕의 입맛을 훔친 홍차를 만나다

의 땅은 아니지만 생계를 위해 밭을 일구며 사는 사람들이다. 계단 위에 세워진 초가집이 아슬아슬하니 위태로워 보인다. 집을 쳐다보는 내 시선을 느꼈는지, 주인아주머니 말이 지은 지 10년이 넘었지만 아직까지 끄떡없다고 안심시킨다. 기둥의 밸런스를 계단 기울기에 맞추었단다.

 병풍처럼 둘러 쳐진 푸른 계단은 집 주인의 마당이자 일터이자 아이들의 놀이터다. 거대한 공간을 자유자재로 쓰는 주인이야말로 누구 못지않은 부자다. 집을 중앙에 두고 다원이 원으로 둘러져 있다. 마치 원형 경기장에 와 있는 것 같다.
 하늘을 향한 계단식 밭은 올라갈수록 구름에 닿을 듯 말 듯, 안타까움을 불러일으킨다. 계단과 구름이 붙어있는 착각을 일으킨다.

 주인이 빗자루 같이 생긴 거친 붓으로 방바닥을 칠하고 있다. 한 차례 벽을 바른 다음이다. 소똥과 흙이 배합된 진흙을 바르면 소독도 되고 벌레도 안 생긴다고 한다. 소똥 냄새가 날 줄 알았는데 흙 냄새만 솔솔 풍긴다. 마른 거름을 쓰기 때문이다. 그들의 생활상을 보는 것도 또 하나의 즐거움이다.

 집 주인은 손님이 왔는데 일만 한다고 미안해하는 눈치다. 잠시 후 대접할 게 없다면서 내 놓은 사발에는 놀랍게도 막걸리가 들어

있었다. 쌀과 누룩으로 빚어낸 그들만의 수제품, 아뽕*이다. 일 마친 후 나른할 때, 요거 한 잔이면 피곤이 풀린다고 한다. 나 역시 한 잔 들이키니까 몸이 노곤해진다. 고작 한 잔에 볼이 발갛게 물들었다. 술 냄새가 삶의 냄새처럼 낯설지가 않다. 이국에서 만나는 막걸리 맛이란, 설명 불가다!

지금 서 있는 곳이 마르게리타가 끝나는 지점에서 해발 300m는 되지 싶다. 많이 걷고 많이 올라 왔다. 걷기 여왕이니까 하지 아무나 못하는 일, 내 자신에게 토닥토닥 해주었다.

고개 마루만 넘으면 아쌈 주가 끝나는 경계선이다. 나선 김에 그

---

*아뽕(Apong): 인도의 쌀 막걸리. 제조과정도 우리 막걸리와 비슷하다.

곳 넘어까지 가고픈 마음은 굴뚝같지만 여기까지. 그곳부터 외국인은 허가증이 있어야 한다. 골인 지점을 눈앞에 두고 돌아서야 하는 마라톤 선수의 심정이 이럴 것이다.

시크릿 가든의 비밀이 풀리다

조띠는 일주일이 지났는데도 깜깜 무소식이다. 동네 어르신한테 물어봐 준다더니 어떻게 된 것이냐 했더니 깜박했다나. 수소문해서 찾은 최고령 어르신 댁, 노인은 정정해 보이는데 가는귀를 잡수신 모양이다. 그래서 귀에다 바짝 대고 여쭈어봐야 했다. 윈저 마을에서 태어나 마르게리타 마을로 시집을 온 분이다. 인도가 영국으로부터 해방된 1947년 이전부터 줄곧 다원에서 일을 하셨단다. 지금은 손을 놓았지만 역사의 산증인이신 셈이다. 그렇다면 지금 몇 살이 되신 걸까.

두 마을 다 풍광이 빼어나고 너무 덥지도 춥지도 않은 기후 탓에 귀족들의 인기 휴양지였다. 영국인들은 유독 윈저 다원 근처에 둥지를 틀고 살았다.

2 1만개의 잎, 1kg의 차

다원의 대우가 좋아서 타지 인도인들까지 일을 하러 왔다고 한다. 그때는 지금처럼 단지가 크지 않았는데 일손이 넘쳐나다 보니, 나중에는 나눠먹기 식으로 엉망이 되었다. 작업 근무가 해이해지면서 생산량도 떨어졌다. 부랴부랴 당국의 개입으로 정리가 되었단다. 말씀하시다 말고 고개를 갸우뚱하신다.

"아마…… 그때부터 왕실용으로 지정해 놓았을 거야."

부모님 대(代)부터 원저, 마르게리타 마을이라고 불렀다고 했다. 마을 지명이 곧 다원 지명이었는데 언제부턴가 주민들 입에서 슬그머니 자취를 감추더란다. 조띠를 비롯해 젊은 층들은 오너 그룹의 명칭인 머거 다원*이라 부르고 있었다.

*머거 다원: 머거 그룹의 총수인 미국인 윌리암 손 머거(William Son Magor)가 만든 다원, 머거 그룹이라고도 한다.

조바심을 애써 자제하며 물어보았다.

"어르신! 원저 다원에서 로즈 나무나 로얄 브랜드 홍차 얘기 들어보셨어요?"

"들어봤지. 그런데 요즘은 그런 이름 쓰지 않을 걸."

아! 드디어 비밀이 풀리는 순간이다.

어르신의 말로는 다원 자체가 방대하다 보니 두 살까지는 로즈 나무, 세 살부터는 일반 차나무로 분리해서 관리를 했다고 한다. 그러니까 이 지역의 차나무 전체가 왕실용, 로얄 브랜드인 것이다. 내내 답답했던 가슴이 뻥 뚫리면서 이내 허탈감이 밀려왔다.

그동안 현장에 있으면서 엉뚱한 데를 찾아 헤매고 있었다니……

업은 아이 3년 찾는다는 속담이 바로 내 처지였다.

여왕의 하사품

하층민*에 속하는 여인들은 일용직 영세 근로자이고, 차밭은 생계를 위한 일터다. 아침 여덟시 이전에 나와서 해지기 전까지, 하루 종일 일해 봐야 일당은 정해져 있다. 시간 외 근무 수당도 없고 경력이 길다고 더 받지도 못한다. 인센티브도 없다. 빨간 날 빼고는 휴일도 휴가도 없다. 단 주어진 하루 품만 채우면 된다. 하루치의 일을 완수 못 하면 일당 80루피**는 없다. 이렇게 적은 임금으로 기본 생필품 장만하기도 빠듯하다. 입에 겨우 풀칠하는 정도이다.

신분 또한 대물림이다. 시대 흐름으로 희석이 되긴 했어도 여전

*하층민: 찻잎만 따야 하는 부족(Tribes)이 따로 있다. 부족의 여인을 바간나이(Baganai)라고 부름.

**80루피: 약 2,000원

히 모전여전(母傳女傳)이다. 가끔 엄마와 함께 일하는 딸의 모습도 눈에 띈다. 건강한 여성이면 누구나 채용 조건이 되지만, 윈저 다원에서는 특히 30세 이하의 젊은이를 원한다. 군 입대처럼 신체검사도 치러야 하는데 가족력이 있으면 탈락이다. 결국 최정예 일꾼들이 모이게 된다.

2 1만개의 잎, 1kg의 차

여왕의 입맛을 훔친 홍차를 만나다

까다로운 기준을 통과한 만큼 특혜도 있다. 약간의 차와 더불어 필요한 도구나 소품들이 왕실의 하사품이다.

어쩐지 원저 다원의 여인들을 보면서 다른 곳에 비해 차림이 깔끔하다 했다. 모자나 망태기, 숄도 마구 낡아빠진 게 없었다.

이러니 이곳이야말로 신의 직장임 셈이다. 여기서 일하는 여사원(?)들은 선택받은 사람들이다.

브라만의 만찬에 초대받다

    기업에 속해 있는 대형 다원에는 대략 열 명의 매니저들이 포진되어 있다. 매니저 한 사람이 1,000여 명의 인부와 가족들, 사무직원들을 거느리고 있다. 근무 연한에 따라 급여나 포지션이 다르다. 매출 실적에 따른 인센티브도 주어진다. 그러나 실적이 저조하면 다른 곳으로 옮겨가거나 낮은 직급으로 내려가게 된다.
    여러 다원을 방문해 보니 매니저 성향에 따라 분위기에서 차이를 느낄 수 있었다. 인부들 말에 의하면 복지에 애를 쓰는 '착한 스타일'이 있는가 하면 매출만 올리려는 '불도저 스타일'이 있단다.
    서열이 높은 매니저들에게는 방갈로를 숙소로 내주기도 한다. 가족까지 머물게 해주며 개인 PC를 포함한 집기 일체를 제공한다.

내게리팅(Negheriting)*에 있는 D 매니저가 묵고 있는 숙소가 바로 그런 곳이었다. 영국 강점기에 영국인이 사용했던 건물로, 삼각지붕의 조각상과 크레용 색깔의 벽은 동화 속에 나오는 궁전을 떠올리게 한다.

그런데 내가 그런 곳에 런치 초대를 받은 것이다.

현관에 들어섰을 때 그는 사무적인 매니저가 아니라 인도 상류층 브라만**의 품위를 갖춘 귀족의 모습이었다. 궁전의 주인공은 전통 의상 꾸르따 삐자마***를 입고 게스트를 맞이했다. 백색 바탕에

---

*내게리팅(Negheriting): 조르하트(Jorhat, 구와하티에서 314km) 시티에서 20km 떨어진 곳에 위치해 있다.

**브라만(Bhraman): 인도 카스트(Caste) 신분제도에서 첫 번째 등급.

***꾸르따 삐사마(Kurta Pijama): 인도 북부지방에서 남성들이 평상복으로 즐겨 입는 전통 의상. 꾸르따는 무릎까지 내려오는 긴 상의, 삐자마는 바지. 원래는 흰색이었지만 요즘은 화려한 색깔을 즐겨 입는 편이다.

2 1만개의 잎, 1kg의 차

군데군데 꽃수를 놓은, 우아하고 아름다운 옷이다. 첫인상이 털털했던 그의 놀라운 변신에 내 눈을 의심할 정도다.

식탁 위엔 백옥색의 본차이나 찻잔이 망고 등의 불빛으로 붉게 물들고 있다. 가지런히 놓인 테이블보와 냅킨은 막 새로 세팅이 된 듯하고 꽃 장식은 싱그러웠다. 특별히 메이드한테 부탁했단다. 감동이 되니 감정 표현이 확실히 나온다.

"Wonderful!"

보기와 다르게 그에겐 로맨틱한 면이 있었다. 집과 사람이 환상의 커플처럼 보였다.

오랜만에 누려 보는 상류사회 풍의 런치타임! 여행자 차림으로 이런 자리에 앉아 있는 내 꼴이 우습기 짝이 없다. 영국 귀족과 한국의 재래시장 아줌마 꼴이다. 상대에게 들키지 않도록 속으로만 웃음을 짓는다.

연신 메이드들이 음식이 담긴 그릇을 갖다 놓는다. 뷔페식이다. 이중 치킨과 돼지고기가 감칠맛이 뛰어났다. 음식을 덜어줄 때마다 곧 그릇을 비워냈다. 생일상 받으려고 며칠 굶은 형상이었을 것이다. 그래도 숟가락은 손으로 먹는 속도에 뒤처질 수밖에 없었다. 매니저가 나보다 먼저 식사를 마치고 냅킨으로 입을 닦는다.

후식으로 홍차를 원했다. 조심해서 따라 주는 배려가 먼 길을 달려온 허전한 마음을 온기로 채워준다. 평소에 마셨던 차가 아니다. 은은한 맛은 여왕의 근엄한 미소와 닮았다고나 할까.

아직까지도 '로얄 브랜드'에서 벗어나지 못 하고 있는 자신을 발견한다.

둘이서 테라스에 나와 휴식을 취했다. 꽃들이 만발한 정원이 창문을 꽉 채운다. 딱히 더 할 말이 없어 정원만 바라보고 있는데 어디서 코 고는 소리가 요란하다. 그가 대나무 의자에 비스듬히 기대 입을 벌리고 오수에 취해 있었다. 조금 전까지 나와 함께 있었던 귀족은 사라지고, 웬 아저씨가 한 명 있었다. 아무데고 머리만 대면 곯아떨어지는 체질 같다. 잠드는 것이 가히 LTE 급이다.

덕분에 눈과 배가 호강했던 한나절이었다. 다원의 인부들에게 그에 대해 물어본다면 분명 '착한 스타일'이라고 할 것이다.

2 1만개의 잎, 1kg의 차

3
차나무에도 진실이 있다

찻잎의 진실 캐기

 차나무의 종자는 하나지만 나라마다 품질은 여러 가지다. 토양과 기후의 영향 때문이다. 대엽 종*을 쓰는 아쌈 브랜드가 뛰어난 데는 다 그럴만한 이유가 있다. 아쌈의 다원은 대부분 거대한 뿌럼머뿌뜨라 강**을 중심으로 고지대에 있다. 년 강우량은 2,000~3,000mm, 기온은 26~39도로 높은 편이다. 적절한 습기와 온도의 결합으로 온실효과가 뛰어나다. 차의 잎은 절대 마구 따는 것이 아니다. 좋은 차에 필요한 잎은 위에서부터 한 잎, 두 잎, 세 잎까지다. 꼭대기 잎은 아직 잎이 온전히 열리지 않아 참새의 혀처

---

*대엽 종(var Assamica): 아쌈의 차나무 종자. 소엽 종(var sinensis)보다 수확량이 2배 많다. 다르질링이나 닐기리가 대표적이다. 반면 중국의 차나무는 대부분 소엽종이다.

**뿌럼머뿌뜨라(Bramaputra) 강: 중국에서부터 흘러내리는 강물은 아쌈 북쪽에서 시작해서 인도 남쪽으로 내려간다. 아쌈의 자원을 지탱해 주는 젖줄.

럼 생겼다는 새 순이다. 퍼스트 후러쉬(Frist flush)*, 혹은 팁(TIP)**이라고 한다. 팁이란 새 순 안쪽에 아기 피부처럼 뽀얀 색을 띤 솜털이 붙어 있는 잎을 말한다.

  차 잎에는 등급이 있는데, 새 순부터 몇 번째 잎을 사용하는지가 그 기준이다. 새 순을 사용한 차가 최고 등급인 FOP이다. 최상품이라고 치는 온 잎 티(Leaf tea, 분쇄하지 않은 잎으로 만든 차)도 새 순

*퍼스트 후러쉬(Frist flush): 잎이 완전히 열리지 않은 새 싹.
**TIP: 새 싹이 잎 부위

▎대엽종

▎소엽종

으로 만들어진다.

로얄 브랜드 역시 그렇다. 그 중에서도 특별 관리 구역에서 키우는 로즈나무에서 채취되는 새 순이 사용된다는 점이 특별할 뿐이다.

새벽 산책길에서 그것만 골라 따는 여인들을 만날 수 있다. 원저 다원에서 일하는 사람들을 부러워하는 이유는 당연하다 하겠다.

새 순 바로 아래 잎의 등급*이 OP(오렌지 페코), 그 다음 잎이 P(페코)이다. 페코는 붉은 색이 살짝 비치는 잎으로 다소 등급은 떨어지지만 홍차로 만들기에는 손색이 없다. 주로 우유로 브랜딩한 짜이를 만들 때 사용된다.

*등급: 꼭대기에서부터 아래로 가면서 명칭이 달라진다. FOP(FBOP) -> OP-> P -> PS-> S 의 순서. FOP(FBOP, Flowery broken orange pekoe)는 길이 2~3mm 정도의 홍차용 온 잎으로 최상품의 차. 어린 싹의 솜털이라는 뜻으로 가장 품질이 뛰어나고 비싸다.
오렌지 페코(OP, Orange Pekoe)는 나뭇잎만한 크기의 잎이다. 중국어로 백발이라는 뜻인데, 나뭇잎 뒷면에 보이는 흰 부분을 가리킨다. 가장 대중적인 홍차.

차나무는 동면 기간이 두 달 정도로 아주 짧다. 2월이면 벌써 새싹이 움트기 시작한다. 어린 잎을 선호하는 이유는 홍차 특유의 떫은맛을 내는 탄닌(Tannin)과 폴리페놀(polyphenol)* 함유량이 많기 때문이다. 어린 잎은 깔끔한 맛과 오묘한 향은 물론, 색깔도 맑은 홍색을 띄기 때문이다.

나머지 잎들도 나름 유용하다. 네다섯 번째 잎은 건조해서 요리 재료로 쓴다. 낙엽은 아궁이 불쏘시개로 쓰인다. 나머지 무성한 잎들은 나무를 건강하게 지탱해 주면서 새 잎을 돋게 해 주는 임무를 수행한다. 차나무의 뿌리는 땅 밑 4~5m 이상을 뻗어나가 건조한 기후에도 잘 견딘다. 놀랍게도 차나무의 수명은 인간의 수명과 맞먹는다. 이곳엔 100살이 된 나무들도 수두룩하다.

이곳 사람들에게 차나무란 한없이 모든 것을 주는 어머니 같은 존재이다. 그리고 영원히 사라지지 않는 하늘이 내린 축복이다.

---

*폴리페놀(polyphenol): 플라보놀 혹은 카테킨이라고 하는 홍차의 성분. 떫은 맛이 특징이며 항암, 항바이러스 효과가 있다.

차 꽃의 진실 캐기

꽃샘추위에도 꽃망울을 터뜨리고 싶어 조바심을 내는 나무들이 있다. 이런 나무들은 이파리 보다 꽃을 먼저 내민다. 이렇게 성미 급한 나무들이 있는가 하면 봄도 아닌 가을걷이에 꽃을 피우는 나무도 있다. 아쌈에서 2월은 나뭇가지에 물이 막 오를 때다. 차나무는 봄에는 잎으로 대신하고 가을이 되어서야 꽃을 피운다.

차 꽃은 눈이 웬만큼 밝지 않고서야 볼 수가 없다. 얼추 봐서는 절대 안 보인다. 나 찾아보라는 식이다. 그러나 한 번 눈에 잡히면 순백색 꽃이 만발한 신세계를 접하게 된다.

푸른 잎은 모두 다 머리 위에 이고, 가지 아래에서 숨어서 피기 때문이다. 햇빛과 바람, 하늘까지 모두 푸른 잎에 양보한다. 하늘보다 대지에 더 가까이 있고 싶어 하나 보다. 그늘 속에서도 뭐가

수줍은지 몸을 오므리고 있다. 심지어 씨앗도 숨어서 품는다.

동백나무 과*에 속한 차나무는 꽃 색깔만 빨갰더라면 우리가 흔히 볼 수 있는 동백꽃인줄 알았을 것이다. 동백꽃 모양의 하얀 차

*동백나무 과(Camellia sinensis var), 까멜리아 과라고도 함. 아쌈 차나무는 thea sinensis,

3 차나무에도 진실이 있다

여왕의 입맛을 훔친 홍차를 만나다

꽃은 겉은 소박하고 속은 견고하다.

 차나무의 꽃은 새로 자란 가지 끝의 잎겨드랑이에서 1~3송이가 돋아난다. 다섯 조각의 꽃받침과 대여섯 조각의 둥그스름하고 하얀 꽃잎을 지니고 있다. 가녀린 꽃잎은 한 대의 암술과 180~250개의 콩나물 같은 수술을 품고 있다. 꽃망울이 터지기 시작해서 약 3개월이 되는 9~11월에 꽃이 핀다.
 이 무렵의 아쌈은 화이트 크리스마스다. 백만 송이의 꽃을 안고 있는 11월의 신부다.

꽃은 열매를 생산하고 물러나지만, 열매가 할 일은 지금부터다. 1년여 동안 몸집도 불리고 싱싱한 푸른색에서 단단한 밤색으로 탈바꿈해야 한다. 차나무의 열매는 지름 1.5cm 정도 되는 공 모양의 밤톨을 연상하면 된다. 밤톨 속에는 2~3알의 작은 씨가 들어 있다.

열매는 먹이 사슬에 희생되지 않기 위해서 훈련을 쌓는다. 단단한 껍질은 어떠한 외부 침입에도 철통같은 방어태세를 갖춘다. 생존이란 이토록 처절하면서도 아름답다.

차나무는 꽃과 열매가 마주본다 하여 일명 '실화상봉수(實花相逢樹)'라 한다. 차밭에 씨 한 톨을 묻어 두고 나왔다. 다음 해에 다시 올 핑계거리는 생겼다.

제다(製茶)의 진실 캐기

　매니저 허락 하에 십장(什長)의 안내로 홍차 제다공장으로 들어간다. 가방 검색이 있다. 전문 용어가 많을 것 같아 수첩과 영한사전만 들고 들어간다.

▶ 채취
　채취한 찻잎 더미를 수북이 실은 트럭이 몇 명의 감시를 받으며 지정된 공장으로 들어간다.

▶ 위조(萎凋, 말림)
　철저한 보안 속에 새로운 일꾼들로 교체된다. 바람이 잘 통하는 서늘한 곳에서 자연적으로 수분을 증발시키는 작업이다. 풀어놓은 잎 더미는 방대한 양이라 사람의 손으로 일일이 옮길 수 없다.

여왕의 입맛을 훔친 홍차를 만나다

3 차나무에도 진실이 있다

여왕의 입맛을 훔친 홍차를 만나다

잎이 담겨진 짐은 기계식 라인을 따라 순차적으로 3층 작업장으로 간다. 한 인부가 천장에 매달린 짐을 하나씩 잡아 잎더미 속에 들어있는 이물질을 골라내고 있다. 골라진 짐은 다시 포대에 쌓여 트레이 위로 쏟아진다. 철조망 같은 트레이 위에는 찻잎이 30cm 높이로 수북이 쌓인다. 가끔씩 청년들이 빗자루를 이용해 찻잎을 여기저기 옮겨놓곤 한다. 찻잎에는 보통 80%의 수분이 함유돼 있는데, 50% 정도는 자연 증발시켜야 한다.

▶ 롤링(유념, 비비기)

말림 과정을 끝내면, 독일제 첨단 기계가 기다리고 있다. 발효 직전 잎의 수맥을 파열시켜 즙(카테킨의 일종)을 많이 나오게 하기 위한 과정이다. 아쌈은 정통 제다 방법인 CTC* 공법을 쓴다. 이 과정을 통해 찻잎을 잘게 잘라 둥근 알갱이 모양이나 좁쌀 모양, 또는 꼬인 실처럼 가공한다. 파열시킬 때 압력은 아주 중요하다. 작

*CTC(Crush Tear Curl): 자르기, 찢기, 말아 올리기 공법.

아도 커도 안 좋다.

기본적으로 두 가지 역회전 롤러를 사용하는데, 한 롤러는 다른 롤러보다 훨씬 더 빠르게 회전한다. 그 결과 잎이 절단, 파열, 말아 올라가게 되는 것이다. CTC 공법은 온 잎이나 반 온 잎을 생산하는 오소독스(Orthodox)* 공법보다 1:9의 비율로 많이 사용된다.

▶ 발효

인부들이 가장 예민해지는 작업 과정이다. 여기서부터 공장을 감독하는 십장이 교체된다. 십장을 한 사람만 쓰면 부정의 소지가 있어 그렇다고 누군가 귀띔해 준다.

화학적 변화를 통해 차 잎이 녹색에서 적갈색으로 바뀌는 과정이다. 홍차를 발효** 효소라 해도 지나친 말은 아니다.

가공된 잎들은 통풍이 잘 되면서 습기도 적당한 방에 펼쳐놓고 약 3~4시간 발효시킨다. 온도와 습기에 의해 맛이 결정되는 중요한 단계이다. 과정이 너무 길거나 짧으면 차의 맛이 훼손된다. 홍차의 가치는 향(香)으로도 평가되는데, 향을 제대로 내려면 적절한 시간이 중요하다. 이 과정에서 아쌈 차는 몰트 향(완전 발효되었을 때의 향)을 기본으로 사과 향, 꽃 향, 낙엽 향 등 진기한 향을 품

*오소독스: 잎 원형 형태.
**발효: 세 가지 과정 ① 짧은 발효: 그린 티에 사용. ② 반 발효: 우롱 티에 사용. ③ 완전 발효: 블랙 티에 사용.

3 차나무에도 진실이 있다

게 된다. 아미노산 성분이 풍부해지는 시점이기도 하다.

　공장에서 내가 가장 오래 머물렀던 곳이다. 이곳에서 인기 스타가 되었기 때문이다. 인부들이 한사코 사진을 찍자고 하는 바람에 공장 감독한테 눈총깨나 받았다.

▶ 가열(건조)

발효를 끝낸 후에도 그대로 놔두면 잎에서 퀴퀴한 냄새가 난다. 약 2%의 습도에 맞추어 한 번 더 건조시켜야 한다. 자연 부패를 막기 위해 열처리를 하는 것이다. 여기서도 시간을 다툰다. 시간을 지체하다 보면 잎에서 탄 맛이 날 수도 있다.

　기계가 끊임없이 움직이면서 차 알갱이를 크기* 별로 분류한다. 브로큰, 페닝, 분말가루 세 종류로 나눠진다. 세 번을 걸러내니까 밀가루 같은 분말가루 등급이 나온다. 이곳에서는 누구나 신발을 벗어야 한다. 이물질이 들어가면 안 되기 때문이다. 인부 한 명이 넓은 보자기 위에 가공된 차 입자를 풀어 놓고 시간을 재고 있다. 곳곳에 보자기가 깔려 있어 걷기가 조심스럽다.

▶ 등급

홍차 알갱이가 분말에서 온 잎까지 크기 별로 구분되면 등급이 결정되고 상품으로 다듬어진다. 가장 훌륭한 등급이 품질도 보장

---

*①브로큰(Broken): BOP, 약 2~3mm 크기. ②페닝(Fannings): PF, 약 1~2mm 크기. ③Dust: PD, 분말 가루.

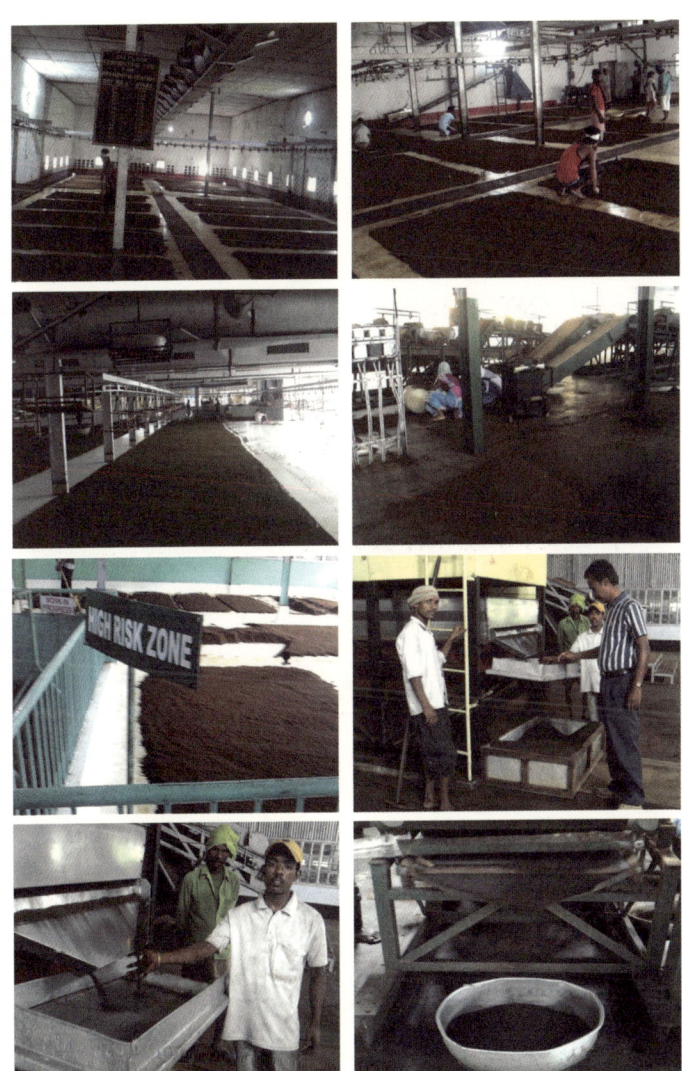

3 차나무에도 진실이 있다

된다. 분류는 크게 '잎의 등급'과 '잘려진 잎의 등급'으로 나눠진다. 제품의 약 5%만이 잎의 형태를 그대로 유지한다. 따라서 최고가는 온 잎 티이다. 굳이 등급을 분류하는 이유는 맛도 그렇지만 입자의 사이즈와 형태에 따라 차를 우려내는 시간이 각각 다르기 때문이다.

차는 포대에 담겨져 구와하티* 경매센터로 간다. 그곳에서 시장 가격이 형성된다.

*구와하티: 아쌈 주의 수도로 아쌈의 관문 도시

여왕의 입맛을 훔친 홍차를 만나다

▶ 포장

아쌈 동북쪽 끄트머리, 마르게리타에서 구와하티까지의 거리는 540km다. 쉬지 않고 달린다 해도 12시간이 걸린다. 수송과정에서 원형을 유지하려면 완벽한 포장뿐이다.

포장은 상품 가치를 업그레이드 한다기 보다는, 물건이 파손되거나 변질되어 제값을 못 받거나 반품이 되는 사태를 막기 위한 조치이다. 가루야 더 이상 부서질 일이 없지만 온 잎이나 반 잎은 조각이 부스러질 염려가 크다. 그렇게 되면 상품의 품질이 급락한다. CTC 공법으로 만들어진 가루 티는 10kg짜리 포대를 사용하고,

오소독스 공법의 온 잎 티는 나무상자나 원통에 보관하는 것도 그런 이유 때문이다. 포장의 중요성을 깨닫게 된 것은 차 무역이 본격적으로 이루어진 1840년 이후다. 그러니까 아쌈 티가 막 생산되기 시작할 때다. 초기에는 인도 캘커타*에서 유럽까지 배로 운반하는데 장장 15~18개월이 걸렸다. 건조하고 안전한 창고에 차를 저장해 두고, 부두에서 선적할 대형 화물 컨테이너에 옮겨 실어야 했기 때문이다. 차의 운반 기간이 길어서 홍차가 만들어졌다는 전설 같은 이야기도 전해진다. 배에서 1년 이상 머물다 보니 차의 푸른 잎은 햇볕을 받아 검은 색으로 변해 버렸다. 버릴까 말까 고민하던 선원들이 한 번 끓여 마셔 보니 그 맛이 일품이었다는 것이다. 그 후부터 홍차로 만들기 시작했다는 이야기다. '안전하게, 그리고 원형 그대로'에 의미를 두었던 포장도 세월에 따라 조금씩 바뀌었다.

 1830년 이전까지만 해도 차는 귀족들의 사치품, 호화품의 하나였다. 캐서린 공주**가 영국의 찰스 2세에게 시집올 때 혼수 품목의 하나였으니까. 귀하고 비싼 만큼 혹시 변질이라도 될까 봐 포장하는데 수차례 과정을 거쳐야 했다. 바구니에 넣은 다음 다시 둥근 도자기에 넣어 애지중지 다루었다. 무게만도 상당했다고 한다.
 운반하기가 힘들어 나중에는 나무상자로 대체했는데, 상자의 안

*캘커타(kolkatta): 인도 동부 해안도시, 영국 통치 시절 수도였음.
**캐서린 공주: 1662년 포르투갈에서 영국으로 시집 옴. 혼수품은 홍차와 인도 뭄바이 도시였다고 한다.

여왕의 입맛을 훔친 홍차를 만나다

3 차나무에도 진실이 있다

쪽에 습기 방지용으로 대나무나 뽕나무, 혹은 곡물로 만든 종이를 덧씌웠다.

그 후 포장이 간소화된 것은 아쌈 티가 세계 시장을 석권하고 나서부터다. 귀족의 사치품에서 일반인들의 기호품으로 대중화한 것이다. 한편으로는 싱글 족의 입맛을 겨냥한 마케팅 효과도 노렸다. 티의 가치가 상승하면서 광고에 엄청난 돈을 쏟아부었다고 한다. 그때나 지금이나 상품의 과대 포장은 못 말리나 보다. 그러다 1880년 이후에는 다양한 디자인과 브랜드로 마케팅 전략도 세분화되기 시작한다. 집어던져도 부서지지 않는 떡 차에서 티백이나 깡통, 즉시 마실 수 있는 캔 음료까지, 저장산업도 진화한 것이다.

당시 유럽에서는 티 1kg을 사면 피아노를 서비스로 주었다고 한다. 피아노보다 티가 비싸다니, 믿기지 않는 사실이다. 그 당시의 '비싸다'는 개념이 어느 선인지 감이 잡히지 않는다. 오늘날은 어떨까. 마트에 가서 티를 사면 무얼 끼워주나 알아 봤다. 피아노는 절대 주지 않았다. 진열된 티를 보면서, 내가 지금 뭘 하나 피식 웃음이 나왔다.

마침내 진주로 태어나다

나는 지금 멀고도 먼 아쌈의 수도, 구와하티에 있는 국립차과학감정원*에 와 있다. 라이센스를 가진 달인들이 차의 품종과 품질을 검사하는 곳이다. 제다 공장에서 이미 등급이 매겨져 오지만 여기서 진실성이 검증된다고 보면 된다.

방에 들어서자 진한 몰타향이 물씬 풍긴다. 제각각 자랑이라도 하듯 차 가루들이 컵마다 가득하다. 심사를 위해 총총히 서있는 모습이 마치 줄에 꿰어 놓은 것 같다. 이 차들을 만나기 위해 아쌈 전역을 몇 번이나 돌았는지 모른다. 지난 시간이 스쳐지나가면서 눈물이 그렁그렁해진다. 등급을 분류하기 위해서는 눈썰미가 야무져야 한다. 선조 상대의 찻잎(잎자), 우려낸 후의 찻잎, 그리고 차의

---

*국립차과학감정원: 아쌈의 수도 구와하티에 있는 티 브로커즈(Assam Tea Brokers Private Limited).

색깔에서 판가름이 나게 된다.

  차를 우려내는 시간은 5~6분이면 된다. 드디어 홍갈색으로 물든 마법의 차들이 달인의 손끝으로 자리를 옮겨 앉는다. 달인들은 우려낸 입자를 컵 뚜껑 윗부분에 둔 다음, 한 모금 입에 머금고 입 안에서 굴리며 다양한 평가를 한다.

 혀끝으로 맛과 향을 감지해 타구에 뱉는 일을 수 백 번 거쳐야 하는 고된 작업이다. 컨디션이 안 좋은 날은 입맛도 떨어진다고 한다. 혀의 감각이 무뎌질까봐 몸가짐을 함부로 하지 않는다고 하니, 수도사의 수행과 다를 바 없다.

 차의 세계에 있어서는 첨단 문명이 명함을 내밀지 못한다. 오로지 사람의 촉각과 시각, 미각과 후각을 통해서만 차의 품질을 가려낼 수 있다. 뭐든지 빨리, 대량으로 만들어 내야 하는 현대 문명의 잣대로는 답답하고 진부하기 짝이 없는 과정이다. 그런데 문득 이런 생각이 들었다. 과연 기다림은 스피드라는 아이콘에 역행하는

3 차나무에도 진실이 있다

걸까?

　차란 시간과의 동행을 거쳐 숙성된 결과물이며, 정성이 맺은 열매인 것이다. 명품이란 늘 그렇게 태어난다.

　차의 품질을 판별하는 시간 동안, 달인들은 무슨 생각을 할까. 또 차를 정성껏 포장하는 그들의 손에는 어떤 향기가 배어 있을까? 어느덧 나는 차가 아닌 우리가 무심코 흘려보내고 있는 삶의 단편들을 지켜보고 있었다. 우리가 그토록 찾기 원하는 그 어떤 가치들을.

여왕의 입맛을 훔친 홍차를 만나다

원천적으로 차나무의 DNA는 하나다. 생잎에도 차이가 있지만, 대부분은 제다 과정에서 품질이 가려진다. 아쌈 차 중 1등급(FOP)인 퍼스트 후러쉬(Frist flush) 생산량은 전체의 10%, 이중 VVIP 로얄 브랜드 장미향인 온 잎 티는 고작 5%만 추출해 낼 수 있다. 이런 최고급 명품 차도 철저한 보안 속에서 수석 감정사의 파이널 사인이 있어야만 비로소 그 자격을 얻는다.

제다 과정을 보고 나니 싱겁게도 설렘이 크지는 않았다. 차의 인생도 우리네 인생과 닮아서인지 모르겠다. 바다에서 자라는 10만 3,000여 종의 조개 중에 진주를 품을 수 있는 조개류는 약 15,000

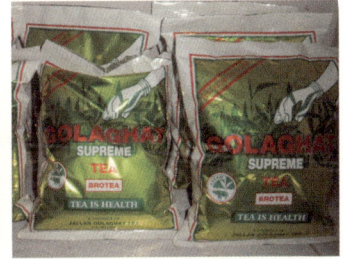

종이라 한다. 이 중 보석으로 가치가 있는 조개는 1,000종에 불과하다. 진주 한 알이 탄생하기까지는 수많은 낮과 밤이 필요하다.

어쩌면 차는 지상의 진주일 것이다. 내 눈에는 등수를 떠나 모든 차 알갱이가 영롱한 진주알로, 차 가루는 진주 가루로 보인다.
여왕의 트레이드마크, 진주! 이것은 그냥 우연일까…….

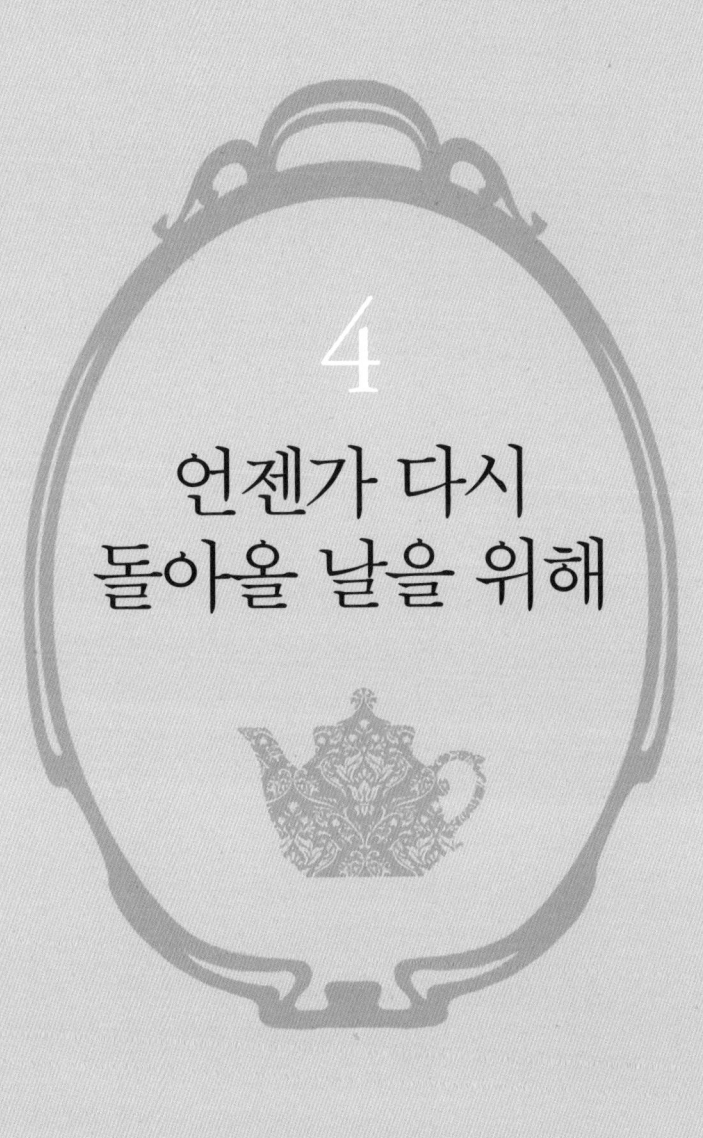

4

언젠가 다시 돌아올 날을 위해

단 한 번의 아름다운 방문

 이번에 찾아가는 다원은 성곽을 두른 듯 높은 담으로 둘러쳐져 있다. 평지가 아닌 구릉 지대에 있어 꽤나 가파른 걸음을 예고한다. 다행인 것은 길을 몰라도 걱정할 필요가 없다는 것. 포장도로만 따라가면 된다. 산책 삼아 걷는다 생각하니 콧노래가 나온다.

 언덕은 직선이 아니라 곡선이다. 구불구불한 언덕을 올라가는 내 발걸음도 갈 짓 자다. 한참 오르다 보니 강원도 미시령 같은 굽이치는 고갯길이 머리를 쳐든다. 자전거를 탈 줄 안다면 한껏 스릴을 즐길 수 있었으리라.
 오르막과 내리막이 경쟁하듯 반복된다. 그러다 갑자기 곧은 직선의 길이 느긋하게 이어지고 있다. 한숨 놓인다. '느릿느릿 걸으면서 명상에 들어가 보세요.'라고 권할 만한 산책길이다. 그러나

사실 이곳의 풍경이 내게 큰 감흥을 불러일으키기엔 부족하다. 한국에서도 늘 보던 익숙한 풍경이기 때문이다.

다시 발걸음을 재촉한다. 언뜻 저 멀리 길이 끝나는 것 같다. 그런데 내내 잘 따라주던 두 발이 말을 안 듣는다. 할 수 없이 서 있어야 했다. 얼마나 걸어왔나 고개를 돌리는 순간, 내 입에서 탄성이 터져 나왔다.
'아~, 이렇게 아름다울 수가!'
현기증이 일어나려고 한다. 한 사물을 앞에 두고 볼 때와 뒤에

여왕의 입맛을 훔친 홍차를 만나다

언젠가 다시 돌아올 날을 위해

두고 볼 때가 엄청나게 다르다는 것을 자연에게서 배운다. 바람이 한결 시원하게 느껴진다.

　가로수처럼 이어진 차나무가 한 귀퉁이에 앉을 자리를 내 준다. 영화의 한 장면처럼 노트를 꺼내 풍경을 스케치하거나 하모니카를 꺼내 '고향의 봄'을 연주하고 싶지만, 나한테는 그런 재주가 없다.
　아쉬운 대로 디카를 꺼내 사진에 담아 보려고 하는데, 이런······ 찍고 싶어도 한 화면에 들어오지 않는 파노라마 스크린이다. 마치 사진 수십 장을 이어 붙여놓은 것 같은 풍경이다.

　남자 일꾼들이 바쁘게 오가고 있다. 여인들은 다 어디에 있는 걸까.
　이쯤에서 되돌아갈까, 아니면 워밍업도 했겠다 본격적으로 걸어 볼까, 자신과의 협상이 시작됐다. 이때 멀리 여인들의 모습이 보이기 시작한다. 협상이고 뭐고 나도 모르게 그들을 허겁지겁 쫓아간다. 발걸음이 얼마나 잰지 거리는 좁혀지지 않는다. 언덕길이라 곱은 더 힘들다.

　이번에는 계단식 밭이 차곡차곡 이어지고 있었다. 어디가 끝인지 모르겠다. 끝날 만하면 다시 시작되는 것이다. 감히 상상할 수 없는 스펙타클이 펼쳐진다. 다시 탄성이 터진다. 별로 감흥이 없다

언젠가 다시 돌아올 날을 위해

던 좀 전의 내 평가가 많이 미안해진다.

풍경은 더 이상의 감탄사와 비유법을 허락하지 않는다. 축복과 감사의 마음이 넘쳐흐르고 있었다. 하루키가 온다 해도 이 풍경을 100% 묘사하지 못 할 것이다. 이런 곳이 왜, 유네스코 문화유산에 등재가 안 됐을까!

계단 한 칸 한 칸 오르는 일이 살면서 풀어야 할 숙제 같다는 생각을 한다. 바늘허리 매어 못 쓰듯 두 칸 씩 올라갈 수도, 하나를 빼놓을 수도 없는 게 인생의 계단이다.

챙이 넓은 고깔 모양의 아쌈 전통 모자인 자피(Japi)가 여기저기서 눈에 띈다. 마치 여인들이 머리 위에 장식용 액세서리를 걸친 것 같다. 복사꽃 색, 하늘색의 자피는 처음 본다. 하나하나에 세월이 묻어 있을 것이다. 모진 풍파에 잘 견뎌낸 인생을 보는 것 같아 마음이 따뜻해진다.

이곳 하루모티 다원*은 뿌럼머뿌뚜라 강의 영향을 받아 바람과 안개, 계절풍이라는 더없이 좋은 기후 조건을 가지고 있다. 강에서 불과 5km 떨어져 있다. 최고급 홍차의 생산을 위한 황금비율이다. 윈저 다원의 상품과 더불어 경매시장에서 부르는 게 값이라 한다.

*하루모티 다원(Harmoti T.S): 뿌럼머뿌뚜라(Bramaputra) 강의 북쪽 노스 라킴푸르(North Lakhimpur) 행정구역에 속해 있다. 단일 차밭으로는 최대 규모다. 수도 구와하티 (Guwahati Capital)에서 380 Km에 위치.

하루모티 다원은 길이만도 10km에 달해, 단일 다원으로는 가장 크다. 웬만한 소도시와 맞먹는 규모다. 사람들은 에너지가 넘친다.

아무리 걷기 여왕이라 하지만 이곳을 한 번에 다 볼 수는 없다. 다시 찾을 여운을 남겨 두는 것도 괜찮은 일이다. 아쉽지만 이쯤에서 발걸음을 되돌린다.

언젠가 다시 돌아올 날을 위해

요란한 Good Morning

새들의 울음이 이렇게 다양했던가.

허구 많은 새 소리에 귀를 내 주다 보면 오지에 와 있다는 게 실감이 난다. 새들은 기상청보다 더 정확하게 아침이 시작되는 시간을 아는 모양이다. 자연의 리듬에 따라 정확하게 동틀 무렵부터 조잘대는 걸 보면.

자연의 시계에서 흘러나오는 천상의 하모니가 단잠에 취한 나를 깨운다. 여기서 알람이나 모닝콜은 무용지물이 되고 만다. 새들의 성화에 눈은 떠졌는데 후다닥 일어나기에는 뭔가 아쉽다. 누군가는 말했다지, 잠에서 깬 후 잠시 누워 있는 시간이 가장 행복하다고.

침대에서 뭉그적거리고 있는 나를 채근하듯 새들은 더욱 목소리를 높인다. 아무리 좋은 천상의 코러스도 하루 이틀이지 날마다 새 소리가 곱게 들릴 리는 없는 법. 오늘은 소음처럼 귀가 따갑기까지 하다. 한 시간을 버텼지만 녀석들은 떠날 생각을 안 한다. 꼭 누가 이기는지 내기라도 하자는 것 같다.

한 번은 솜으로 귀를 틀어막아도 봤다. 그런데 요것들이 서로 팀을 교체해 가면서 노래를 부른다. 그러니 지칠 리가 없다. 삼단 고음으로 뽑아 대다 저음으로 변조까지 한다. 아무리 뛰어난 인간의 성대라도 흉내낼 수 없을 것 같다.

이쪽은 나 혼자, 저쪽은 수 십 마리. 수에서부터 밀리니 게임이 안 된다. 결국은 성질 급한 내가 자리에서 일어난다. 숙소 앞으로 나가 전깃줄을 올려다 보니 수 십 마리가 후다닥 날아간다. 용용 죽겠지, 약만 올리고 있다. 얄미운 것들!

'낡은 내 mp3라도 가지고 올 걸. 소음 차단에는 제격인데.'라고 후회했다가, 이내 마음을 바꾼다. 미우니 고우니 해도 mp3의 음악보다는 새들의 코러스가 백배는 더 즐거울 것이므로.

내게 알람시계가 없는 걸 알고 깨워주다니 기특하다고 생각하기로 했다.

아마 새들이 말을 할 수 있다면 이러지 않을까.
"우리가 싫으면 당신이 떠나면 되지, 무슨 불평이 그렇게 많아

요."

 내가 누워 있는 꼴을 절대 못 보는 귀엽기 그지없는 녀석들! 늦잠 잘 자유는 당분간 반납해야 할 것 같다.

 "애들아! 제때, 제시간. 이런 게 싫어 먼 길 온 사람인데 좀 봐주면 안 되냐"

아! 난다, 향이

드넓은 초원은 파란 하늘을 머리에 이고 있다. 파란 도화지에 점을 찍듯 얼룩소들이 한가로이 풀을 뜯고 있다. 지평선에 붙어있는 산줄기가 긴 직선을 드리우고 있는 이곳에도 위대한 예술 작품이 있다. 세상에서 가장 싱그럽게 미친 아난다 다원*이다. 나도 모르게 정신없이 셔터를 누른다.

그러나 이미지로 풍경을 볼 때와 직접 풍경 속으로 들어갈 때는 다르다. 일단 소똥을 피해 걷는 것부터가 보통 고역이 아니다. 조심하는데도 지뢰를 밟는 건 예사다. 그럴 때마다 '으악' 하는 비명이 자동으로 나온다. 일단 바닥에 묻은 이상, 그냥 잊어버리고 다녀야 한다. 흙길을 걸으며 자연스럽게 털어질 때까지.

---

*아난다 다원(Ananda Teagarden): 아쌈 북쪽. 노스 라킴푸르(North Lakhimpur)에 위치한 대표적인 차밭. 아싼 3대 차밭 중 하나, 수도 구와하티 (Guwahati Capital)에서 415km에 위치.

여왕의 입맛을 훔친 홍차를 만나다

사람들은 무슨 스릴 넘치는 게임처럼 '소똥 피하기'를 재미있어 한다. 잽싸게 요리조리 피해 가는 솜씨가 일품이다. 혹시 소똥을 밟게 되더라도 오늘은 재수 좋은 날이라며 씨익 웃고 만다.

아난다 공장의 메인 게이트에는 외부인 금지 바리케이트가 쳐져 있다. 지름길을 이용해 다원에 가려면 공장 안을 통과해야 한다. 아니면 공장 외곽을 빙 둘러 가야 한다. 이러지도 저러지도 못해 입구에 서 있으니까 경비는 초소 창문으로 동물원 원숭이 구경하듯 나의 동태를 살피고 있다. 얼굴을 내밀고는 들어오면 안 된다고 고갯짓을 한다. 사정해 봐야 될 상황이 아닌 듯하다.

대책이 없어 그냥 서성대고 있는데 저쪽에서 교복 차림의 여학생 둘이 조잘대며 걸어오는 것이었다. 같이 묻어가고 싶은 마음에 말을 붙여 본다. 한 여학생 말이 아빠가 공장장이라 자기는 날마다 지름길로 다닌단다. 부라보! 경비의 뻘쭘한 표정을 뒤로 하고 우리는 당당히 공장 안으로 들어갔다.

공장을 지나 밖으로 나오니 세잔느의 수채화가 펼쳐져 있다. 경작지 아래로는 바짝 엎드린 집들이 어깨동무를 하고 있고, 우물가에선 여인들이 물을 긷고 있다. 야생화가 만발한 길가에는 실개천이 흐르고 있었다. 뻐근한 다리도 쉬게 해줄 겸 철퍼덕 주저앉아 수채화를 마음껏 감상했다.

공장장이 나를 보더니 집에 가서 차 한 잔 하고 가란다. 공장을

지나며 나무에 반쯤 가려진 집을 눈여겨보았었다. 일하며 틈틈이 자신의 보금자리를 바라보면 일할 맛이 나겠다.

차에서 꽃 향이 살짝 올라온다. 윈저 다원에서는 장미향이 났었는데, 여기는 어떤 향일까. 공장장에게 물었더니 대수롭지 않게 대답한다.

"글쎄요. 국화향이 나기도 하고, 때론 사과향도 나고 그래요."

아! 난다…… 향이!

이곳의 이름을 다시는 잊지 않을 것 같다.

4 언젠가 다시 돌아올 날을 위해

아쌈 청년 N네 이야기

그 집에서 젖을 짜는 이유

복작거리는 시장, 당장이라도 내려앉을 것 같은 콘크리트 건물, 차량의 경적소리, 릭샤의 소음, 어수선하게 움직이는 사람들……, 정신이 번쩍 든다. 도시에 깊이 물든 사람들은 자연에 의해 무장해제 되어도 그 한계가 있나 보다. 끝도 없이 펼쳐진 푸른 세상에서 놀다가 원 위치로 돌아오자마자, 곧바로 현장 적응을 해버린다. 고향에 컴백한 사람처럼 반갑기까지 하다. 예전엔 약간의 두통을 느꼈는데, 이번엔 이마저도 없다. 나도 나를 이해할 수 없다.

새벽 6시! 추억 한 편에 기억된 중·고등학교 시절의 기상시간이고, 여행길에서 부활된 모닝콜 시간이기도 하다. 음메에에~ N네

4 언젠가 다시 돌아올 날을 위해

집에서는 걸쭉하고 우렁찬 소 울음소리가 알람이다. 릭샤의 털털거리는 소리가 도시의 아침을 깨운다.

먼저 창문을 연 다음 방 청소를 시작한다. 응접실과 복도까지의 청소 당번은 나다. 빗자루로 쓴 다음 걸레로 닦아낸다. 방안에서도 신발을 신는 문화라 자잘한 흙가루들이 묻어나온다. 청소기가 있지만 수동을 좋아하는 집안 분위기에 맞추려니 손발이 바쁘다. 나그네 처지에 굳이 안 해도 그만이고, 누가 눈치 주는 것도 아니건만 시간나면 쓸고 닦는 가족들을 위해 이거라도 하는 게 마음이 편해서다. 안주인인 L이 걸레를 뺏으면서 극구 말린다. 방값 대신이라 하니까 잠자코 있다.

코끼리처럼 육중한 젖소를 돌보는 일은 순전히 남편 G의 몫이다. 아침이면 젖을 짜는 일부터 시작한다. 소가 짜증나면 안 된다고 메이드가 옆에서 연신 부채질을 해준다. 이런 광경을 직접 보는 건 생전 처음이다. 나도 옆에서 거드느라 부채질을 한다.

소의 컨디션이 안 좋을 때 젖을 짜면 힘이 배로 들고, 양도 충분히 나오지 않는단다. 손길을 부드럽게 하고, 미소까지 곁들여야 한다. 사람이나 가축이나 기분이 좋아야 생산량도 느는 법! 하루에 얼추 50L의 우유가 나온다고 한다.

콜콜한 냄새가 코를 찌르지만 주인은 연신 싱글벙글이다. 사람에게 이로운 칼슘과 단백질 덩어리를 제공해주고, 가계에 도움을 주는데 까짓 냄새쯤이야. 우유를 다 짜고 나면 고마움의 표시로

4 언젠가 다시 돌아올 날을 위해

여물을 두둑이 먹인다. 그래야 내일 아침도 신선하고 따뜻한 우유가 약속될 것이다. 덩치가 큰 젖소의 여물통은 거짓말 조금 보태서 조각배만하다. G는 이제 자신의 본업을 위해 학교 갈 채비를 서두른다.

1L짜리 우유 10병을 가지런히 현관에 놓아둔다. 잠시 후면 주민들이 와서 들고 온 빈병을 내려놓고 우유병을 가지고 갈 것이다. 빈병은 내일 아침에 다시 우유를 담을 병이다. 아쌈이 인도의 외곽이긴 하지만 젖소를 키우는 집은 거의 없다. 하지만 이 집 덕분에 이 동네 주민들은 신선한 우유를 마실 수 있다. 하루치 필요한 양을 넘어서는 우유는 수거해 가는 사람이 따로 있다.

며칠 지켜본 결과, N네 집의 우유 사업은 부업도 아니고 영업도 아니었다. 우유를 나눠주고 돈을 받기는 하는데, 수신인이 어느 단

체로 되어 있었다. 아침마다 반복되는 휴머니즘의 현장이다.

  재료가 맛의 8할이라고, 갓 짜낸 우유로 브랜딩한 짜이는 티 맛에 그리 예민하지 않은 내 입에도 환상적이었다. 혼자 남게 된 나는 마당으로 나간다. 정원이라고 하는 게 맞겠다. 사람 하나가 지나갈 폭만 남기고는 꽃밭이니까. 지천으로 피어 있는 온갖 꽃들이 저마다 향기를 뿜으며 아침 인사를 건넨다. 유독 나팔꽃이 활짝 웃음을 지으면서 반기고 있다. 고백하건데 나는 나팔꽃 외에는 꽃 이름을 잘 모른다. 가끔 답답할 때도 있지만, 도시에서만 성장한 탓

| 갓짠 우유로 만든 수제 버터 | 수제 요구르트

4 언젠가 다시 돌아올 날을 위해

이러니 한다.

어느새 마당에 염소가 들어와 있다. 우유를 가지러 온 주민들이 오가면서 문을 살짝 열어놓은 모양이다. 틈새를 비집고 들어온 것이다. 애완견 '골드'가 상황을 알아채고 동네가 떠나갈 듯 컹컹댄다.

안주인 L이 외출할 채비를 하려다 기겁을 하고 염소를 내쫓는다. 염소가 정원을 마구 헤쳐 놓기 때문이란다. 녀석은 풀을 뜯으려다 소리에 놀라 도망친다. 틈새는 들어올 때와는 달리 나갈 때는 쉽지가 않다. 지켜보는 나에게 도와달라는 듯이 낑낑거린다. 겁이 많은 놈이라 얼른 문을 열어주었다. 이런 세상과 함께 숨쉬고 살아가고 있다는 사실에 감사함이 솟구친다. 오늘 하루도 즐거울 것 같다.

이 집 아들 N은 내가 한국에서 알게 된 아쌈인(assamese)이다. 어느 날 내 블로그에 N이라는 청년이 들어와 유창한 한국어로 인사를 한다. 학생은 카이스트(KAIST)에서 공부하고 있는 재원이었다. 현재 7명의 아쌈 학생들이 정부나 대학에서 전액 장학금을 지원받으면서 열심히 공부하고 있단다. 이렇게 맺은 인연으로 나는 N의 고향집에 머물면서 다이어리를 올리고 있는 중이다.

'N, 잘 지내고 있지? 나 지금 네 방에서 지내고 있어.'

N의 부모님이신 G와 L은 고등학교 교사다. 오후 2시면 수업이 끝난다고 한다. 담당 과목 수업이 없으면 2시가 되기 전에 나가도 된다. 출근 시간은 지켜야 하지만, 퇴근은 자유롭다. 집으로 돌

4 언젠가 다시 돌아올 날을 위해

| 아쌈 전통 부엌칼

아오자마자 G는 교사에서 농부로 변신한다. 작업복으로 갈아입고 집 뒤의 텃밭에 나가 과일 나무와 밭에 심어놓은 작물들을 돌본다. 정원 일도 그의 몫이다. L은 식사 준비와 친척 어르신들 돌보기를 맡고 있다. 학교에서 돌아오자마자 점심 짓기에 바쁘다. 메이드가 있지만 손수 챙겨야 할 것이 많다. 직접 가꾼 채소나 과일만으로도 하루 세 끼와 간식은 넘쳐난다. 가족과 친척, 메이드에 두 마리의 젖소와 개, 닭까지 대식구다.

   부부는 각자 해야 할 일이 많아 일을 철저하게 분담하고 있다. 투 잡을 가지고 있는 셈이다.

혹시 조그만 다원이라도 볼 수 있을까 해서 나가 보았다. 이 쪽이 교육도시라는 걸 사전에 알고 있었지만 몇 km를 걸어도 골목마다 진을 치고 있는 염소만 보일 뿐이었다. 차밭은 차로 두 시간이나 가야 있다니 이 동네에 오래 머물 수는 없을 듯하다.

주변을 쏘다니다가 집에 들어오니 12시가 조금 지났다. 배가 고팠지만, 이곳에서는 점심 먹을 생각조차 하지 않는다.

인도인들은 오후 세 시경 먹는 늦은 점심을 디너라고 한다. 우리가 말하는 저녁은 대체로 밤 열 시에 먹는 나이트 타임을 말한다. 이러니 아침을 오전 열 시나 되어야 먹는 것이다.

처음엔 때가 되어도 식사하라는 말이 없어 섭섭함을 느낀 적도 있었다. 식사 타임이 다르다는 걸 알게 되니, 먼 나라로 왔다는 실감이 든다.

골목을 여기저기 누비고 있다. 역시 사람들의 관심 어린 시선이 따라다닌다. "마담! 우리 집에서 차 마실래요?" 어른과 청년들, 보아하니 한 가족인 것 같다. 그냥 지나치려니 마음 한 구석이 걸렸다. 주인을 따라 응접실 소파에 앉자마자 어디가나 똑같은 질문과 대답이 반복된다.

"짜이 어때요?"

"좋아요."

"어디에서 왔어요?"

"사우스 코리아요." 얘기를 나누다 보니 N의 친구다. 그 집에 머물고 있다니까 저마나 아는 체를 한다. 고등학교 때 G가 담임선생

| 선물로 받은 놋쇠 그릇

님이었다고, L한테는 사회 과목을 배웠단다. 청년의 어머니까지 나서서 두 분 다 인품이 훌륭한 분이라고 칭찬이 자자하다.

선물까지 받고 나오는데 뒤꼭지가 켕긴다. 시간이 흐른 뒤 나도 N의 부모님들처럼 누군가에게 좋은 평가를 받을 수 있을까……. N 덕분에 스위트 홈의 분위기를 만끽하고 있다. 따뜻한 배려와 정성에 무공해 채소와 과일까지, 마음이 가득 채워지는 느낌이다. 더불어 몸무게도 두 눈금쯤 더 채워졌을 것이다.

아쌈 학생들과 사진 찍기

L이 학교에 출근하면서 나를 데리고 가 주었다. 버스로 20분 거리. 교문의 경비원이 우리를 보며 미소를 보낸다. 등교하던 학생들

이 내게 관심을 보인다. 걸어가면서도 흘끔흘끔 쳐다본다.

L은 교무실로 가고 나 혼자 교실 앞을 지나가는데, 학생들이 창문으로 우르르 몰려나온다. 호기심으로 가득 찬 얼굴들이다. 갑자기 교실 안이 웅성웅성 하더니 막 시작된 조회까지 중단되는 일이 벌어졌다.

한국인의 내방은 처음인 학교에서 스타 아닌 스타를 보느라고 생긴 일이다. 이때 어떤 남학생이 헐레벌떡 나오면서 여행자를 신기하게 바라본다. 나의 민망함도 잠시, 선생님이 나와서 학생 머리에 꿀밤을 준다. 어이쿠! 아프겠다. 학생은 귀 볼까지 빨개지면서 고개를 숙였다.

4 언젠가 다시 돌아올 날을 위해

나중에 안 일인데, 그 학생이 나를 보려고 후닥닥 나오면서 책상을 밀치는 바람에 몇몇 학생들이 약간의 상처를 입었다는 것이다. 나의 기습 방문 때문에 순진한 학생 마음만 다치게 한 것 같아 미안한 마음이 들었다.

L이 수업에 들어간 동안 나는 교정을 둘러보기로 했다. 그러다 교실 담벼락에 흐드러진 넝쿨 장미에 발길이 머문다. 향이 달콤하다. 교실 건물을 조금 벗어나자 꽃으로 만발한 정원이 눈길을 유혹한다. 아담한 연못이 중앙에 자리 잡고 있다. 수초가 물살에 살살 흔들린다. 연못을 등지고 드라마 '가을 동화'에 나올 것 같은 벤치가 있다. 그냥 지나치려니 아쉽다. 책이라도 한 권 가지고 올 걸. 책을 읽어야 어울릴 것 같은 풍경이다. 여기를 교정이라 하기에는 아깝다는 생각이 든다. 우리나라였다면 '아름다운 학교' 표창감이다. 방과 후에 저녁노을을 배경으로 스트링 오케스트라 야외 콘서트를 기획해 보면 어떨까. 자연 속에서 배우고 뛰놀고 성장한 학생들은 심성도 고울 것이다. 바로 이들이 인도의 내일을 책임질 꿈나무들이다. 상상만 해도 부럽다.

교실 창문에 매달린 눈빛들이 연못을 향하고 있다. 여학생들은 내 눈과 마주치자 수줍은 듯 창문을 벗어난다. 또 누군가 뛰쳐나올까 봐 서둘러 몸을 피한다는 게 교무실이다. 문이 활짝 열려 있어 나도 모르게 그렇게 됐다. 책장 넘기는 소리만 들리던 실내가 잠시 술렁인다. 선생님들은 영문을 모르면서도 외국 손님이라고 제대로

반긴다. 뻘쭘하게 서 있는 나에게 의자를 권하면서 차를 준비한다. 속으로 매너 빵점 외국인이라고 했겠다.

나무 책상과 의자, 흑색 칠판을 보니 추억 속으로 빠져든다. 선생님들 피부색만 조금 연했더라면 그 옛날 초등학교 시절 교무실 분위기다. 의자를 손으로 쓰다듬어 본다. 반들반들하다. 얼마나 수많은 선생님들을 거쳐 갔을까. 쟁반을 든 선생님의 손가락 끝이 희끄무레하다. 조금 전까지 분필을 만진 손이다.

"한국은 고등학교도 최첨단 시스템이라면서요?"

L이 교무실에 들러 귀띔을 해 주어선지 나에 대한 신상 파악이 되어 있었다. 고개를 저었다. 뭐를 최첨단이라고 하는 건지……. 수업 마치는 땡땡땡~ 종소리가 정겹고 반갑다. L이 들어오더니 나의 결례에 양해를 구한다. 별 일 아니라며 다들 미소로 응답한다.

여 선생님들은 L을 부러워하는 눈치다. 내가 선물로 준 빨간 양산과 선글라스에 눈길이 가고 있다. 돌려가면서 만지작거리더니, 앉은 자리에서 양산을 써 보기도 한다. 더운 나라라 햇볕 차단용이나 여름용품에 관심이 많다. 마음 같아서는 모든 분에게 뭐라도 드리고 싶었다.

그런데 선물은 도리어 그들이 주었다.

"한국에서 아쌈 티를 사랑해 줘서 고마워요."

내게 볼펜 세트를 주면서 건넨 말이다.

교무실을 나오는데 또 다시 학생들이 난리다. 수업도 끝났겠다, 내가 나올 때까지 기다린 것 같다. 남자 선생님이 나와서 꽥! 하고 고함을 지른다. '걸음아, 나 살려라.' 한꺼번에 도망치는데 엉켜 넘어질까 염려스럽다. 고함 소리도 아랑곳하지 않고 학생들이 다시 내 주위를 에워싼다. 힘이 남아도는 데다, 한창 짓궂게 굴 나이다. 사진이라도 함께 찍으려는데, 이번엔 서로 내 옆에 서려고 옥신각신이다. 머리에 꿀밤 한 대씩을 맞는다. 여전히 밀치고 밀어내고 난리법석이다. 녀석들 등살에 내 몸도 휘청거린다.

사진 한 장 찍으려고 기다리는 시간이 너무 길다. 아기 백일 사진 찍으러 사진관에 가도 이 정도는 아니겠다.

L이 한마디 한다.

"경호원을 쓰지 그래?"

5 차(茶)에게 길을 묻다

5
차(茶)에게 길을 묻다

비와 차, 그리고 여인들

 높은 산봉우리의 잔설이 석양에 물들어 황금빛으로 빛나고 있다. 하루를 넘어가는 풍경은 이토록 아름다운데, 나의 하루도 과연 아름다웠는가. 한순간 해가 넘어간다, 온통 붉은 빛이다.
 새벽녘, 다시 세상이 열리고 있다. 빛과 어둠이 파스텔 톤으로 혼재된 이 시간, 남은 별 하나가 꼭꼭 숨겨온 전설 하나 들려줄 것 같다. 오늘 하루도 어제 같기를.

 여명에 마음이 들떠 일찌감치 숙소를 나선다. 동이 트는가 싶더니 눈을 비비는 사이, 하늘엔 검은 구름이 덧칠되어 있었다. 산봉우리가 있던 자리에 거무칙칙한 붓 자국만 남아 있다. 하지만 그런 모습조차 신비롭다. 자연의 화풍은 역동적이고 영감 넘친다.

5 차(茶)에게 길을 묻다

금세 빗방울이라도 떨어질 것 같은 하늘이다. 다시 숙소로 돌아가야 할지 고민하는데 무트라포래 다원*으로 가는 여인들의 힘찬 행렬이 보인다. 신발에 바퀴를 달았는지 뒷모습이 빠른 속도로 멀어져 간다. 디카에 연속촬영 모드를 설정해 놓지 않아 손가락만 고생이다. 앵글에 잡힌 풍경을 최대한 줌으로 당겨 본다. 예술이 별건가, 이게 예술이지 싶다.

다윈에 도달했을 때 비가 간간히 떨어지기 시작했다. 그래도 일손들은 잎 따는 걸 마다하지 않는다. 점점 대지는 캄캄해지고 빗방울이 제법 굵은 빗줄기가 되어도 묵묵히 하던 일을 계속 한다. 별수 없이 나만 원두막으로 속히 피신을 했다.

이제 비는 사정없이 퍼붓고 천둥소리는 요란하다. 벼락이라도 떨어질까 봐 지레 겁을 먹는다. 그럴 땐 어떻게 해야 하나. 아마 이런 들판에서는 속수무책일 것이다. 여인들의 머리에서 빗물이 뚝뚝 떨어지고 있다. 그쪽을 향해 고함을 친다.

"헬로? 엄블레러, 엄블레러!" 내 말이 들렸는지, 자기들도 도저히 안 되겠다 싶었는지 그제서야 우산을 받쳐 든다. 그러면서 한 손으로는 계속 잎을 딴다. 정말 어지간한 사람들이다.

---

*무트라포래 다원(Muttrapore T.E): 쉽사가로 터미널에서 3시간 거리에 위치.

여왕의 입맛을 훔친 홍차를 만나다

5 차(茶)에게 길을 묻다

검은 우산들이 나란히 이마를 마주한 모습이 장관이다. 이럴 때는 무겁더라도 망원 렌즈가 부착된 카메라가 그립다. 눈에만 담기가 아까워 디카를 들고 빗속으로 뛰쳐나갔다. 우산을 들었지만 몸은 이미 흠뻑 젖은 상태다. 바닥에 내리꽂히는 빗소리가 사납다. 우리나라의 장대비는 명함도 못 내밀겠다. 한참을 불안에 떨었다.

빗줄기가 점점 약해지더니 거짓말처럼 하늘이 파란 얼굴을 내민다. 중국의 변검술처럼 눈 깜짝할 사이에 얼굴이 바뀌었다. 열대 기류에서 생기는 스콜(Squll) 현상, 일명 여우비다.

흙길은 비에 젖어 질퍽질퍽하다. 대부분의 사람들이 맨발이다. 나에게도 맨발을 권했지만 발가락 사이에 진흙 끼는 것이 싫어서 사양했다.
그런데 얼마쯤 걷다가 그만 찌익 하고 미끄러졌다. 옷이고 가방이고 디카고 흙투성이다. 그 와중에도 나는 보물상자나 되는 것처럼 디카만 열심히 챙겼다.
미끄러지면서 엉덩방아를 찧은 탓에 쉽게 일어날 수가 없었다. 사람들이 붙잡아 주고 진흙을 털어주느라 바쁘다. 옷은 털어서 될 일이 아닐 정도로 상태가 심했다. 때마침 식수차가 와서 손발도 씻고 옷에 묻은 흙도 닦을 수 있었다. 여인들이 나서서 도와준다. 누구는 갈아입을 스커트를 준다.

5 차(茶)에게 길을 묻다

 차나무 위에다 쫄바지와 스커트를 펼쳐놓았다. 햇살을 받아 꾸덕꾸덕 말라가는 옷을 보니 짜증스럽던 마음이 봄눈 녹듯 사라진다. 그런데 신발이 문제였다. 언제 마를지 알 수 없었다. 잘 하면 맨발로 걸어가게 생겼다. 미끄러지고 넘어진 게 벌써 한두 번이 아니다.

 신발을 탓할 수도 없었다. 이곳 여인들은 바닥이 닳아빠진 슬리퍼를 신고도 멀쩡하다. 사람이나 물건이나 환경에 적응하지 못 하면 생고생을 하게 마련이다.

"여행은 낯선 곳을 찾아 떠나는 것이 아니라 낯선 곳에서 적응해 가는 자신과 만나는 일이다."-마르셀 프루스트*

이제 조금 있으면 해가 넘어갈 것이고, 어둠이 깔릴 것이다. 어제 저녁의 모습은 오늘 저녁 반복된다. 나의 인생도, 차밭 여인들의 인생도 그렇게 흘러가고 있었다.

---

*마르셀 프루스트(Marcel Proust 1871~ 192): 프랑스의 소설가 〈잃어버린 시간을 찾아서〉의 저자.

5 차(茶)에게 길을 묻다

알려지지 않아 더 아름다운

너가온(Nogaon)* 산등성이에 뽀얀 안개가 커튼을 쳤다. 운동화 끈에도 아침 이슬이 배어 촉촉하다. 걷다 보니 산머리에 안개가 서서히 걷히고 있다. 숲도 밭도 파란색을 되찾는다.

든든한 동반자와 새벽 산책길에 나섰다. 몇 년 전 여행길에서 알게 된 아쌈인 친구다. 그가 눈앞 풍경은 산이 아니라 까르비 언덕(karbi hills)이라고 일러준다. 언덕치고 산세가 깊다. 고개 마루턱에서 우리는 한참 동안 말없이 서있었다. 싱싱한 공기 덕에 여행 내내 막혔던 코가 뻥 뚫렸다. 이곳은 기류가 특별해서 구름 낀 날이 더 많다고 한다. 친구는 모처럼 보이는 청명한 하늘이 먼 길 온 손님에게 주는 하늘의 선물이란다.

*너가온(Nogaon): 아쌈에서 두 번째로 큰 도시. 수도 구와하티(Guwahati Capital)에서 120km에 위치.

5 차(茶)에게 길을 묻다

너가온 시티에는 아쌈의 자랑거리가 하나 있다. 동물들의 낙원, 유네스코 문화유산에 지정된 카지렁가 국립공원*이다. 유럽 여행객이 가장 선호하는 곳, 도시 전체가 동물보호구역이다. 도로의 제한 속도는 40km이고, 초과하면 벌금 폭탄을 맞는 곳이기도 하다.

너가온에서 만난 다원은 아담했다. 다원을 바람막이처럼 감싸고 있는 언덕은 높지도 낮지도 않았다. 계단식 밭이 잔디를 깔아놓은

*카지렁가 국립공원(Kaziranga national Park): 마나스 국립공원과 함께 1985년 유네스코 문화유산에 등재. 세계적인 외뿔 코뿔소 밀집지대인 동시에 범, 코끼리, 곰 등의 포유동물과 수많은 조류들의 집단서식지로 유명함. 수도 구와하티 (Guwahati Capital)에서 217km에 위치.

듯 정갈하다. 잠시 앉아 있는데 솜 방석처럼 포근하다. 우리는 한 계단 한 계단 내려오면서 연신 '뷰티풀'을 외쳐댔다. 주변은 산사처럼 고요해서 우리의 소리는 메아리가 되어 돌아온다.

야호~~~, 숲속의 새들이 놀라서 몸을 사린다. 하늘을 향해 두 팔을 뻗으니 낮은 구름이 손끝에 닿을까 말까 한다.

목가적인 풍경은 여기서 끝나지 않았다. 아까부터 친구는 다원을 끼고 있는 별채가 있다고 가보자는 것이다. 말 그대로 풍경과 딱 맞는 흙집 한 채가 동그마니 서 있었다. 전시용 모형처럼 앙증맞고 귀엽다. 일본 정원을 닮은 자연 조경이 한 몫 거든다. 보라(Bora, 姓) 패밀리가(家)의 소유다.

다원의 주인은 심성이 곱고 소박한 취향을 가진 분 같다. 울타리 한 쪽의 싸리문 안으로 들어가고 싶은 충동을 느낀다. 집안에서는 인기척이 느껴지지 않는다.

다원은 엄연히 사유재산이다. 워낙 거창한 다원이 줄줄이 있는 마을에서 아담하고 고즈넉한 이곳은 주민들의 사랑을 독차지하고 있었다. 주민들은 모두가 보라 가문의 지킴이들이다. 외부에 알려지지 않아 현지인들 외에는 발길조차 뜸하다는 것이 또 다른 매력이다.

귀여운 아이들이 코를 훌쩍거리며 우리 뒤를 따라오고 있다. 진득기 한 아이한테 뭐라고 하니까 손가락 세 개를 펴 보인다. 나이

5 차(茶)에게 길을 묻다

여왕의 입맛을 훔친 홍차를 만나다

5 차(茶)에게 길을 묻다

를 물어보았나 보다. 귀여운 건 또 있었다. 징검다리 위에 염소 새끼들이 뭉쳐서 자는 모습은 저절로 미소가 지어지게 했다.

해프닝 인 마줄리

인연이란 참 묘한 것 같다.

2년 전 마줄리 섬*에서 일어난 일이다. 길을 가다가 사람들이 유난히 들락날락하는 건물이 있어 들어가 보았다. 섬의 행정 업무를 보는 마줄리 출장소였다.

사람 외에는 딱히 구경할 게 없어 나가려는데, 누군가 나를 부르더니 중년 여성이 근무하고 있는 방으로 안내한다.

"웰컴, 외국 여성은 처음이라 차 한 잔 하시라고 불렀어요."

당당해 보인다는 것이 그녀의 첫 이미지였다. 한 눈에도 직급이 높아 보이는데 긴 명패가 궁금증을 해결해 준다. 'The secretary-

---

*마줄리 섬(Majuli island): 강 위의 섬으로는 세계에서 제일 큰 섬. 뿌럼머뿌뜨라 강 중앙에 있다. 아쌈 문화의 메카이자 예술의 발상지. 책 〈인도 아쌈에 취하고 마줄리에 빠지다〉 98p 참조.

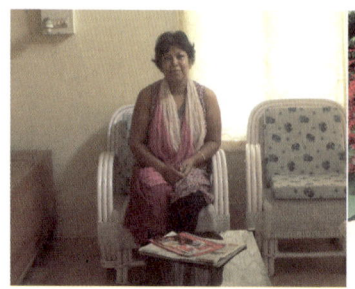 

| 2년 사이 더 당당해진 친구의 모습

general, ley(사무국장 래이)'

 다음날 점심에 초대한다는 약속까지 받고 그곳을 나왔다. 그녀는 자신이 묵고 있는 설킷 하우스*에서 나를 맞았다. 출장소 건물 옆에 붙어 있다. 넓은 테이블 위에는 이미 몇 가지 음식이 준비되어 있었다. 모두 손수 만든 거라며 '맛있게 드세요.' 한다. 약속 시간 두 시간 전에 그녀에게 전화를 받았다. 닭고기, 돼지고기 중 뭐를 좋아하냐고. 칼칼한 닭볶음에 싱싱한 야채가 입맛을 돋게 한다. 늘 부족한 듯 먹다가 간만에 만찬을 즐긴 것이다.

 마줄리 섬은 원시를 그대로 간직한 오지의 섬이지만 웬만한 것은 다 갖추고 있다. 20여만 명이나 되는 부족들이 조상 대대로 삶을 이어오고 있는 곳이기 때문이다. 단 고급 레스토랑이나 엘레강스한 커피숍은 없다. 아쉬운 대로 선착장 주변이나 시장 입구에 있

*설킷 하우스(Circuit house): 마줄리 섬 가라무르(garamur) 도시에 있는 숙소 겸 관사.

여왕의 입맛을 훔친 홍차를 만나다

는 스낵이나 탈리(간편 식사)*를 이용하면 된다.

　외식 산업이 발달하지 않아 접대는 주로 집에서 한다고 한다. 또한 귀한 손님일수록 집안으로 불러들여 대접하는 것이 아쌈의 전통이기도 하다. 마줄리에서 140Km 떨어진 디브르가르** 도시가 그녀의 가족이 있는 홈 타운이다. 섬으로 발령이 나 숙소를 임시 거처로 사용하고 있다. 식사를 하면서 출장소에서 서열이 제일 높으냐고 물었더니 쑥스러워 한다. 우리나라로 따지면 청장에 버금가는 2급 공무원이다. 그 때를 떠올리면 마음에 걸리는 것이 있다. 입은 호강했는데, 손이 부끄러웠던 것이다. 선물을 준비 못 한 나는 즉석에서 퇴계 이황의 얼굴이 박힌 천 원짜리 지폐를 기념으로 준 것 같다. 배낭 속에는 선물이 절반인데 왜 그런 예의 없는 행동을 했는지 모르겠다.

*탈리: 우리의 백반과 비슷하다.
**'디브르가르(Dibrugarh)' 수도 구와하티에서 동쪽으로 445Km에 위치. 교육 도시로 유명.

5 차(茶)에게 길을 묻다

게다가 여기서 끝냈으면 됐을 것을, 체면을 구기는 일이 또 발생한다. 내가 머물고 있는 숙소는 모기와 날파리의 천국이다. 모기장을 치고 모기향을 밤새 켜놓고 있다. 물가와 들판이 지척에 있어서 낮에도 이름 모를 벌레와의 전쟁이다. 팔과 다리가 모기의 제물이 되었다.

긁다 약 바르고 그렇게 되풀이 된 게 며칠 된 것 같다. 하도 긁어서 물린 자리가 짓물렀다. 늦은 감이 있지만 정성껏 약을 바르고 보기 흉하니까 붕대를 감고서는 외출을 했다. 저녁 때 들어오는데 걸을 때 조금 답답함을 느끼겠다.

이젠 붕대에도 진물이 배어 나온다. 날은 어두워지고 더 이상의 어떤 선택도 할 수가 없다. 사전에 예방을 제대로 했더라면 이 정도는 아니었을 텐데, 다 내 탓이다.

자고 일어났는데 이게 웬일이지? 물린 자리가 찐빵처럼 부풀어 오르는 것이었다. 아파서 발을 바닥에 대기도 곤란해졌다. 화장실 갈 땐 한 쪽 발로 깡충깡충 뛰어다녀야 했다.

어쩌나…… 호텔이라야 프런트에 연락을 하지, 이곳은 사뜨라*에서 운영하는 게스트 하우스인 걸. 예삿일이 아니란 걸 뒤늦게야 깨닫는다. 통증이 점점 더 심해지니까 눈물까지 글썽글썽해진다. 처음 겪는 일이라 겁이 나고 어찌할 바를 모르겠다. 섬에는 119

---

*사뜨라(Satra): 마줄리 섬 안에 있는 사원. 책 〈인도 아쌈에 취하고 마줄리에 빠지다〉 12p ~ 66p 참조.

| 보건소의 점심 식사 | 친구의 출·퇴근용 관용차 |

같은 SOS도 없다.

"거기 아무도 없어요? 헬프 미!" 현관 밖에 대고 외쳤다. 앰뷸런스는 고사하고 메아리 되어 돌아오는 것은 가축의 울음뿐이었다. 이 정도면 옆방에서 인기척이라도 하련만 다들 외출했나 보다. 완벽하게 혼자다. 이때 퍼뜩 떠오른 사람은 근처 사뜨라의 승려도 아니고 동네 주민도 아니었다. 왜 바쁘게 일하고 있을 그녀가 생각났을까. 사무국장 래이다.

잠시 생각을 가다듬는다. 일전에 빈손으로 가서 대접만 받고 온 게 걸린다. 그러나 사람이 다급할 때는 이성의 냉정함이 사라지는 법. 선택을 잘 해야 한다. 휴대폰에 손이 갔다. 10분쯤 지났을까, 숙소 앞에서 경적 소리가 들린다. 바쁜 그녀가 대신 누군가를 보낸 것이다. 보건소로 실려 갔다. 더 이상 지체했더라면 속에서 심하게 곪았을 거라고. 그랬다면 수술을 해야 했을 거라고 겁을 준다.

내가 오늘밤 묵을 곳은 소독약 냄새 나는 보건소 침상이다. 어

여왕의 입맛을 훔친 홍차를 만나다

쨌든 치료받고 약을 먹으면서 하루를 보내니까 살살 걷게 되었다. 이삼일은 조심해야 한다고 단단히 일러둔다. 래이가 보건소로 찾아와서 식사를 시켜준 적도 있다. 세끼를 챙겨 먹지 못했더니 배가 홀쭉하다. 그녀가 입원비와 진료비까지 깔끔히 처리해 줬다. 실랑이를 하는 나에게 별거 아니라고 하는데 나에게는 별 거다. 지나친 친절이 이렇게 부담이 될 줄은 몰랐다. 내게 계속 마음에 걸려 있다.

  섬을 떠나기 전에 마지막으로 인사하러 갔다. 배낭 속을 뒤져봐도 썩 마음에 차는 선물이 없다. 배낭을 메고 다니는 여행에서는 좋은 선물 거리도 무게가 조금이라도 더 나가면 빼버리기 일쑤다. 할 수 없이 태극부채를 주었다. 건네주는 데 이번에도 손이 부끄러웠다. 그리고 두 해가 지났다. 그 사이 우리는 e-mail 친구가 되었다. 이번에 아쌈을 다시 찾게 되자 그녀를 보고 싶은 조바심에 전화부터 넣었다. 그러나 마음과는 달리 나의 첫 마디는 멋대가리가 없다.
  "불량 친구를 또 만나줄 거야?" 그러나 그녀는 이미 섬을 떠나 있었다. 실망이 이만저만이 아니다. 수도 구와하티 시청으로 영전을 했다는 것이다. 여성으로서 대단한 고속 승진이다. 아쉬운 마음을 뒤로 하고 내 볼일을 보느라고 바쁘게 돌아다녔다. 그 사이 몇 번 전화가 와서 한 번만 다녀가라고 재촉이다. 실은 내 스케줄하고 엇나가는 동선이라 망설여졌다.

여왕의 입맛을 훔친 홍차를 만나다

"근처에 소개하고 싶은 다원이 있어. 꼭 와야 돼."

어느새 내 속내까지 읽고 있었다. 이 말 한마디에 구와하티 행 버스 티켓을 당장 예약했다. 숙소로 다원 근처의 리조트를 선택한 그녀의 배려를 둔한 내가 알아차린 건 한참이 지난 후였다. 현직 시장(市長)님인데 어련히 알아서 잘 했을까. 얼마만의 해우인가! 그녀는 이제 수행원까지 대동하고 다닌다. 나를 보자마자 시선이 내 발등에 머문다.

"걱정 마. 아프면 멀쩡히 왔겠어?"

오히려 그녀의 걷는 모습이 편치 않아 보인다. 일전에 발목을 삐 끗했단다. 덩치가 크다 보니 이런 사고가 생긴단다.

"운동 부족이야. 아침에 산책가자고."

우리는 W. G. 리조트(wild grass resort)에서 하루 밤을 묵었다. 입구부터 화려하고 신비한 분위기에 매료된다. 도어맨의 머리에 터번만 둘렀더라면 아라비안나이트에 나오는 그림 같았을 것이다. 자연의 소소한 풍경들이 기분을 차분히 가라앉힌다.

언제 잠이 들었는지 모르겠다. 늦잠 자는 바람에 아침 산책도 못 했다.

그녀에게 아직까지 아무것도 해준 게 없다. 그저 받기만 했을 뿐. 어떻게 신세를 갚아야 할지 여러분들께 조언을 구하고 싶다.

모기와의 전쟁

 벌레 몇 마리 때문에 여행을 망쳤다면 그런 약 오르는 일도 없겠다. 여행지에서 제일 먼저 할 일은 모기 퇴치 작업이다. 만약 아쌈을 여행한다면 반드시 기억해 두기 바란다.

 일단 모기를 먼 곳으로 쫓기 작업부터 해야 한다.
 그럼 모기향 코일 떼어내기부터 시작해 볼까. 두 개의 코일을 분리하려고 손끝에 힘을 주는데, 샴쌍둥이도 아니건만 이게 쉽지가 않다. 몇 번 하다 보면 짜증이 절로 올라온다. 겨우 떼어냈다 싶으면 꼭 한두 군데는 잘려져 있다.
 그런데 이것이 다가 아니다. 코일을 받쳐주는 꼬챙이는 약하고 건들건들해서 불안한 면이 있다. 자칫 잘못하다가는 꼬챙이마저 내려앉아 버리는 수가 있다. 이럴 때는 빈 페트 병 속에 자갈 몇 개를 집어넣어 무개로 밑을 지탱해 준 다음, 주둥이에 코일 끝을 끼워 놓으면 된다. 가격이 착하다 보니 물건들이 허접하다.

다른 방법도 많은데 왜 이런 코일 모기향을 쓰는지 모르겠다. 이곳 주민들은 너무 독하다는 이유로 스프레이 모기약을 쓰지 않는다.

아무리 저렴한 도미토리 숙소도 모기장만은 비치돼 있지만 안심은 금물이다. 초고속 스피드를 가진 손바닥치기 선수라도 별 소용이 없다. 모기장 속에 숨어 지내는 놈이 많아서 그것들을 박멸하려다간 밤을 하얗게 지새워야 할 것이다. 밤에는 탁탁 털어서 모기장을 치고, 아침이면 반드시 잘 접어 올려야 한다.

해질녘 즈음, 그러니까 대략 6시부터는 놈들의 무법천지다. 하루 중 그 시각이 클라이막스라고 생각하면 된다. 사람으로 치면 저녁 준비하는 시간, 모기들도 허기가 져서 눈에 뵈는 게 없을 때다.

모기를 피하겠다고 이슬람 여인들처럼 꽁꽁 가릴 수는 없는 노릇이다. 오픈 된 팔이나 다리에 예방용 스프레이나 크림을 반드시 사용해야 한다.

인도, 특히 아쌈은 고온 다습한 기온 때문에 모기가 많은 편이다. 그런데 이상하게도 현지인들은 잘 물리지 않는다. 그러니 모기향을 많이 쓰지도 않는다. 놈들도 외국인에게 물건을 팔아야 하는

5 차(茶)에게 길을 묻다

것을 알고 있나 보다. 어떤 방법을 동원하든 모기 밥 신세가 되어서는 안 된다.

모기 퇴치크림 오도모스(Odomos)나 먹스(Mox)는 대도시에서 준비하는 것이 좋다. 대신 모기향과 스프레이는 현지에도 다 갖춰져 있다.

우스갯소리 하나 해볼까. 갤럽이 조사한 지구에서 사라졌으면 하는 5가지 항목이다.

첫째 담배, 둘째 유해 식품, 셋째 성폭행범, 넷째 당근, 다섯째가 모기다. 특히나 딸아이가 모기 알레르기(Allergie)라 모기와 친해질래야 친해질 수가 없다.

근데 당근은 뭐람.

여행자 중에는 지구를 사랑하는 평화주의자나 휴머니스트들이 많다. 어떤 일이 있어도 전쟁에는 반대할 것이다. 그러나 여행을 평화롭게 하기 위해서는 모기와의 한 판 전쟁에서 반드시 승리해야 한다. 미물의 살생도 금하는 자이나교*의 신도가 아닌 바에는.

---

*자이나교(Jainism): 인도에서 불교와 비슷한 시기에 생긴 종교로 인도인의 3%가 신도이다. 채식을 하며 미물까지도 살생을 금지한다. 정치에 막대한 영향력을 끼친다.

마른 밤에 날벼락 맞다

　잠시 쉬는 동안 여인들이 흙바닥에서 무슨 열매를 줍고 있었다. 과도로 딱딱한 껍질을 벗기고 다시 속껍질을 벗기더니 아작아작 먹는 것이었다. 나라고 못 먹을 것 없다는 생각에 한 개 날름 집어 먹었다. 생긴 모양부터 텁텁한 맛까지 우리나라의 밤과 거의 흡사했다.
　주변을 살펴보니 나무는 보이지 않는데 벌어진 밤송이들이 널려 있었다. 지난 가을에 떨어진 거란다. 그러잖아도 입이 궁금하던 차에 본격적인 주전부리 수확에 나선다. 비 온 끝이라 밤톨들은 물에 잠겨 있었다. 굳이 씻을 필요도 없이 칼을 빌려 속껍질까지 쓱쓱 벗겨냈다.
　두 개까지 맛있게 먹었는데, 갑자기 배가 살살 아파오는 것이다. 빠른 속도로 뱃속이 요동치고 있었다. 엉거주춤 반은 엎어진 채

'아이구야~' 신음소리까지 낼 지경에 이르렀다. 여인들 중 하나가 나를 들쳐 업고 어딘가로 간다. 이마에 식은땀이 송송 맺히더니, 앞이 노래지면서 파란 하늘이 가물거린다. 물인지 약인지 확인 안 된 액체가 입으로 들어간다. 정신없는 와중에도 불안하다. 오히려 병을 더 얻는 건 아닌지. 그렇다고 거절할 기운도 없다. 오직 정신 차려야겠다는 생각뿐.

많은 눈들이 나를 바라보고 있다. 거친 손으로 배도 쓸어주고 손도 잡아준다. 곧 진정될 테니 조금만 참으라고 한다. 내 눈에서 닭똥 같은 눈물이 떨어진다. 그런데 뒤집어질 정도로 아프던 배가 서서히 가라앉고 있었다. 신기하게 정신도 맑아지고 말 그대로 진정이 됐다. 그들의 정성에 뱃속도 감동을 받은 게 확실하다. 나는 잠시 후, 아무 일도 없었던 듯 자리를 털고 일어났다.

일하는 여인들은 박카스 병 비슷한 것을 바구니에 넣고 다녔다. 무심코 넘어갔는데 이것이 나를 구해준 비상 약이었던 것이다. 나도 상비약을 잔뜩 챙겨 갔지만 무용지물이었다. 현장에 없으면 금송아지인들 무슨 소용일까. 기본 약 정도는 배낭에 챙기지 못한 나의 잘못이 크다.

또한 현지인들이 먹는다고 무턱대고 따라 먹으면 안 된다는 여행의 안전수칙을 어긴 것이다.

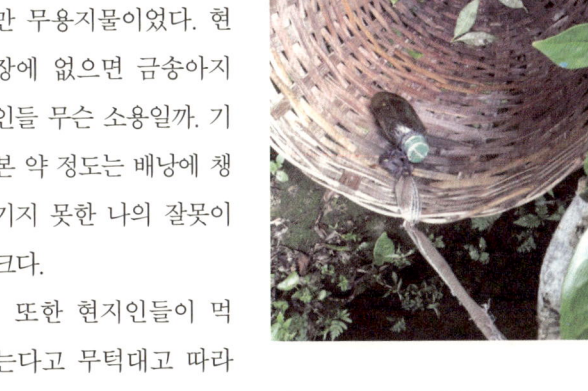

약의 성분이 뭘까. 잠시나마 그녀들을 못 미더워했던 내가 부끄러웠다. 다시 일하러 가는 생명의 은인들 뒤에서 고맙다는 말풍선을 수차례 날린다.

6

차와 인생은 라르고다

타임머신을 타고 중세 마을로

 문명에 물들지 않는 땅, 암라따리(Amrattary)* 마을에 왔다. 첫인상은 타임머신을 타고 세상과 단절된 어느 산속 마을에 불시착한 느낌이다.

 해가 뉘엿뉘엿 저물고 황금 들녘은 석양에 물들고 있었다. 머지 않아 어둠이 내릴 것이다. 그러나 어둠을 알리는 인공의 조명 같은 건 없다. 들녘과 석양이 만들어내는 황홀한 색감이 어둠으로 지워지고 있을 뿐이었다. 이제 어둠이 대지를 점령했다.

 이곳은 다른 곳에 비해 해가 빨리 뜨고 빨리 진다. 사람들은 자

---

*암라따리(Amrattary): 부탄 국경과 인접한 빡사(Baksa) 행정구역에 있는 읍내. 마나스(Manas) 국립공원까지 2km.

6 차와 인생은 라르고다

여왕의 입맛을 훔친 홍차를 만나다

6 차와 인생은 라르고다

연의 리듬을 따라 해 뜨기 전에 일어나 일을 시작하고, 해가 지면 일을 마친다.

아침 일찍 나와 보면 길바닥에 비질한 자국을 발견할 수 있다. 비질은 주민들이 동틀 때 가장 먼저 세상과 접속하는 매개체다. 참새 떼들이 조잘거리고 소들도 덩달아 음메~ 울음으로 아침을 맞이한다. 염소와 오리, 개들도 목청을 높여 알람을 대신한다. 도로는 이미 가축들로 러시아워가 된다.

나 역시 일찍부터 서두른다. 동틀 때 준비하고 해가 솟아오를 때 나서도 하루에 두어 곳 이상 보기가 쉽지 않기 때문이다. 느긋이 걸으면서 거리를 살피고, 이집 저집 기웃거리는 재미도 쏠쏠하다. 띄엄띄엄 엎드려 있는 집들 사이로 느슨하게 걸쳐진 전깃줄이 춤을 춘다. 마치 이름 모를 작가의 설치미술 같다.

쭉 뻗은 열대 침엽수는 집과 도로 사이를 표시해주는 가로수이자 그늘막이다. 오고가는 차가 겨우 지나갈 정도의 좁은 도로지만 사람과 가축에게는 더없이 편안하다. 오랜 세월 사람의 발길이 다져 놓은 흙길은 아라비아산 카펫을 밟듯이 푹신하다. 대신 경운기나 자동차, 자전거와 오토바이에게는 불편한 길이다.

길은 오리 떼와 염소, 어미 소와 새끼소, 양떼 가족의 나들이 코스이기도 하다. 가끔은 개들도 행렬에 참여한다. 그 모습이 하도 재미있어 살금살금 따라가는데, 어느새 사방으로 흩어져 버린다.

6 차와 인생은 라르고다

여왕의 입맛을 훔친 홍차를 만나다

동물들도 객식구를 알아보는 모양이다.

주민들이 문명 쪽에서 날아온 여행자를 신기하게 바라본다. 신기한 건 피차일반이다. 서로가 다르다는 것은 이렇게 묘한 즐거움을 준다.

마을의 모습 역시 정말 신기하다. 없는 것 빼 놓고 다 있다는 인도지만 이곳에는 없는 것이 많았다. 인도하면 떠오르는 것들, 구멍가게나 좌판이 없었고 서민용 교통수단인 오토 릭샤나 사이클 릭샤도 없었다.

그럼 걷기 달인들만 있나? 무거운 짐은 머리에 이고 다니나? 의문이 꼬리를 문다. 주민에게 물어보니 자전거나 오토바이, 달구지 중 하나는 모든 가정에 필수로 갖추고 있단다.

6 차와 인생은 라르고다

동네 밖으로 멀리 갈 때는 릭샤 정기노선이 다니는 읍내까지 나가야 한단다. 소 두 마리가 끄는 달구지를 타고 가는 모습을 보니 중세 마을에 들어온 것 같다.

그런데 이 마을에서 가장 신기했던 건 따로 있었다. 인도의 아킬레스건, 인도인들이 가장 부끄러워하는 하리잔(Harijan, 떠돌이)이 없다는 사실이었다.

마을의 집들을 기웃거리다 재미있는 것을 발견했다.
마당의 쓰임새가 엄청나게 버라이어티하다는 것이다. 마당은 야

자 열매가 자라고 있는 과수원이고, 곡식을 정제하는 정미소고, 다양한 가축들이 기거하는 외양간이었다. 방보다 가축의 우리가 더 많은 걸 보면, 사람 수보다 가축 수가 훨씬 많을 것이다.

마당엔 물레 작업실도 갖춰져 있었다. 이곳 여성들은 직접 물레를 돌려 짠 옷감으로 옷*을 만들어 입는다. 여학생들의 교복도 그렇게 만들어진다.

한 여인이 마당에서 키질을 하다 말고 나를 부른다. 마당에 들어

---

*옷: 멕칼라 사돌(Mekajla Sadar). 아쌈 여성들의 전통 의상. 인도 여성들의 사리(Saree)와 비슷하다.

6 차와 인생은 라르고다

서자 재스민 향이 코를 찌른다. 나무는 고작 한 그루인데 향은 숲을 옮겨놓은 듯 강렬하다. 공기 중에 향이 배어 있는 것 같다.

재스민은 밤의 꽃이다. 밤이 되어야 꽃망울을 터뜨릴 준비를 한다. 동트기 전, 향을 최고로 내뿜다가 여명이 밝아오면 꽃도 추락한다. 부지런한 사람만이 꽃의 향연을 즐길 수 있다. 마당에 소복이 쌓인 꽃이 밤새 눈이 내린 줄 알았다. 한두 개 미처 떨어지지 못한 꽃들의 투신이 이어진다. 툭, 툭, 들릴 듯 말 듯한 소리가 아침을 깨우고 있었다.

재스민은 야래향(夜來香), 아쌈 말로 세왈리(Sewali)라 불린다. 집 주인이 식사를 대접하겠다더니 재스민을 나물로 변신시켜 왔다. 쌉쌀한 맛이 입안을

싸~ 하게 만든다. 왕후의 식탁이 부럽지 않았다.

 후한 대접을 받고 어둡기 전에 임시 거처로 향한다. 빈센트 반 고흐(Vincent van Gogh)가 그린 〈오베르의 황금 밀밭〉이 눈앞에 펼쳐지고 있었다. 황금 들판에 노을이 내리면서 또 하루가 기운다.

 여행지에서 만난 모든 도시가 다 내 것이 되지는 않는다. 이상하게 몸보다 먼저 마음이 여장을 푸는 곳, 계획보다 훨씬 오래 머물게 되는 곳, 그런데서 여행자의 시간은 달리 흐르는 법이다.
 여기서 노후를 보내면 어떨까, 집값은 얼마나 할까, 난데없는 부동산 놀이를 시작한다. 적응 훈련 삼아 마을에 오래 머물러 보기로 했다. 그러나 블랙홀로 빠지기엔 시간이 부족했다. 마음속에 추억만 봉인하고, 다시 길을 떠났다.

6 차와 인생은 라르고다

사람이 문화유산보다 아름다워

　마나스 국립공원*으로 가는 길은 한마디로 거창하다. 잘 닦여진 도로와 이정표, 호화스러운 간판들이 관광객을 유혹한다. 금방이라도 튀어나올 것 같이 기세등등한 호랑이의 모습을 담은 간판도 있다. 간판은 알뜰한 유럽인들의 지갑을 열게 하는 1등 공신으로, 호랑이를 보고 싶어 하는 심리를 이용한 것이다.

　국립공원의 입구에서 길이 두 갈래로 나뉜다. 다원으로 가는 흙길과 공원으로 가는 아스팔트길이다. 5월~10월은 비가 많이 내리는 몬순 기간이고, 너무 더워 동물도 쉬어야 하기에 문을 닫는다고

*마나스 국립공원(Manas national Park): 벙가이가온(Bongaigaon) 시에 위치. 마나스 야생동물 보호지역(Manas Wildlife Sanctuary)은 1985년 유네스코 문화유산으로 등재. 히말라야의 북초지이자 열대 삼림지대. 위험에 처한 많은 동물들, 범, 돼지, 인도 코뿔소, 코끼리 등 다양한 야생동물들의 안식처. 수도 구와하티(Guwahati Capital)에서 190km에 위치.

6 차와 인생은 라르고다

한다.

 인도와 부탄(Bhutan)의 국경선에 위치한 마을은 유일하게 부탄 화폐를 사용할 수 있는 곳이기도 하다. 공원 정문에는 부탄 번호표를 단 트럭들이 줄줄이 서 있다. 검사를 받은 다음, 공원을 통과해 자국으로 돌아가는 차량들이다. 한 쪽엔 아쌈 주로 들어오는 차량들이 서 있다.

 차 안에 있던 사람들이 나를 발견하더니 쑥스러운 미소를 짓는다. 그들과 내가 닮았기 때문이다.

 한가한 거리에 염소들이 자신들만의 편안한 자세로 오수를 즐기고 있다. 차가 지나가든 사람이 지나가든 꿈쩍도 안 한다. 방해

하지 않으려고 조심스럽게 셔터를 눌렀던 내가 무색할 정도다. 순간, 주머니에 넣었던 디카를 속히 꺼내야 했다. 녀석들의 결투 장면이 포착돼서다.

　서로 뿔을 들이대며 공격할 기회를 노리고 있다. 염소들의 자리다툼 현장을 목격하긴 이번이 처음이다. 불구경하듯 데면데면한 주민들의 표정이 더 재미있다.

　이곳 다원은 평지에서 평지로 이어진다. 규모도 크지 않고 어찌 보면 밋밋한 풍경이다. 그러나 사람 사는 풍경은 여느 도시와 확연히 다르다.

　아쌈 주의 여성 의상은 사리(Saree) 만큼이나 화려하다. 의상에 맞춰 부착된 장신구는 액세서리가 아니라 필수품이다. 찻잎 따는 여인들도 예외가 아니다. 일할 때 일복으로 갈아입기도 하지만 대부분은 옷 위에 앞치마를 걸치는 정도다.
　손이 움직일 때마다 주렁주렁 매달린 팔찌가 쩔렁거린다. 시소처럼 왔다 갔다 하는 귀걸이와 쇳소리 나는 팔찌가 거추장스러울 법도 한데, 빼놓고 일하는 여성은 없다. 한 쪽 콧구멍에 걸린 링 코걸이와 목걸이 두세 개는 기본이다.
　그런데 묵주 목걸이를 한 여인을 보았다. 인도는 85%가 힌두교도이고, 천주교도나 개신교도는 고작 1% 정도인데 밭에서 천주교 신자를 접하리라곤 상상을 못했다. 색다른 풍속화를 감상하는 것

6 차와 인생은 라르고다

여왕의 입맛을 훔친 홍차를 만나다

6 차와 인생은 라르고다

여왕의 입맛을 훔친 홍차를 만나다

같았다.

　양 미간에 붙이는 빨간 띠까*는 힌두교의 상징이자 인도 여성들의 전유물이다. 띠까를 찍는 것으로 하루를 시작하는 사람들이다. 그러나 이마에 표시를 하지 않았다 해서 절대 밀어내지 않으며, 어떤 방식으로 기도를 하든 상관하지 않는다. 나는 그들의 소통 방식을 말없이 바라본다. 이들은 마음과 영혼의 담장이 없는 사람들이다. 유네스코 문화유산보다 사람이 더 아름답다.

---

*띠까(Tikka): 꿈꿈, 빈디라고도 한다. 양 미간에 바르는 빨간색의 동그란 점. 요즘은 액세서리로 대체하는 경우가 많다.

여행길에서 인생을 묻다

삶도 아는 만큼 보인다

비루조라(Birjhora) 다원*으로 일하러 가려면 나얀뿌르(Nayanpur) 강을 건너야 한다. 강을 건너지 않으면 2km나 되는 거리를 돌아가야 한다. 강폭은 20m에 불과하지만 수심이 깊고 물살이 만만찮다. 일꾼들이 신발을 벗고 바지를 무릎까지 접어올리고 건널 채비를 하고 있다. 다행히 요즘은 물살이 세지 않아 너끈히 건널 만하다. 이런 모습이 흥미로워 바라보고 있는데 물가 쪽은 위험하니 가까이 오지 말라고 충고한다.

강은 밭을 기름지게 해주고 도시의 중요한 식수원 역할을 한다.

*비루조라 다원(Birjhora Teagarden): 봉가이가온 시내에서 3km 떨어져있다.

6 차와 인생은 라르고다

낮은 절벽이 울타리처럼 감싸고 있어 그 사이로 흘러가는 강물은 아늑해 보인다. 하지만 실상은 목숨을 건 생존의 현장이다. 강물 색과 똑같은 악어가 먹이를 기다리고 있기 때문이다.

비가 많이 올 때 물살에 밀려온 길 잃은 악어 새끼들이다. 경고 표지판 하나 없지만 주민들은 물결만 봐도 악어가 있는지 없는지 안다. 그래도 가끔 어린 송아지가 물을 마시다가 악어에게 다리를 물리기도 한다. 악어란 놈이 송아지보다 영리한 게지.

요즘은 가물 때인가 보다. 한 남자가 소를 물가에 앉히고 목욕을 시키고 있다. 악어 얘기를 들으니 갑자기 쓸쓸해진다. 사는 건 어디에서나 만만치가 않다.

인도 지도를 보면 아쌈 주는 역삼각형 형태로 저고리 소매 곡선을 닮았다. 동쪽 끝에서 서쪽으로 거대한 뿌럼머뿌뜨라 강이 흐른다. 부탄과 국경을 맞대고 있고 주위에 6개 주가 포진되어 있다. 교통과 경제, 교육의 중심지라 할 수 있다.

다원은 강을 사이에 두고 북으로 20%, 남으로 80%가 분포되어 있다. 동남쪽의 틴슈키아* 시티는 메인 다원만 47개나 되는데 모두가 하나의 재벌 그룹 안에 들어 있다. 미국인 회장 '윌리암 손 머

---

*틴슈키아(Tinsukia): 아쌈 주 에서 3번째로 큰 도시. 북쪽 아르나찰 프라데시 근처에 위치해 있다.

6 차와 인생은 라르고다

거'의 이름을 따 머거 그룹이라고 부른다. 대힝˚, 원저, 마르게리따 등 유명 다원들이 모두 이 그룹 소속이다.

아쌈 동남쪽의 대힝 다원이나 왕실용 다원에서는 유니폼이 지급된다. 그런데 북서쪽의 비루조라 사(社)는 그리 넉넉하지 않은가 보다. 여인들 옷매무새를 보면 코끝이 시리다. 평소 차림 그대로다. 그나마도 헤져서 군데군데 꿰맨, 남루하기 짝이 없는 옷들이다. 모자나 망태기 역시 다를 게 없다. 유니폼은커녕 물품 하나도 지급되지 않는다.

이렇듯 사람 사는 현장에 깊이 들어가면 감정은 더 많이 출렁인다. 나는 그들의 모습에 가슴 아파하면서, 실은 그들과 다르다는 데 안도하고 있는지도 모른다는 생각이 들었다.

정작 그들은 강물이 불어나면 돌아가면 되고, 옷이 헤지면 꿰매 입으면 된다고 생각한다. 가지지 못한 것보다는 가진 것에 감사한다. 우리는 감히 그들을 이해하지 못 한다. 자신만의 필터를 통해 세상을 보는 것을 경계해야 할 것이다.

삶 역시 아는 만큼 보인다.

우리의 여행지는 누군가에게 삶의 터전이다. 여행길이란 타인의 삶으로 들어가는 길이다. 자신의 관점만 고집한다면 여행은 빛을

˚대힝 다원(Dehing Teagarden): 동남쪽 마르게리타 초입에 있다. 수도 구와하티(Guwahati Capital)에서 512km

잃는다. 낯선 풍경, 낯선 사람들 사이에서 여행자는 삶의 지혜를 터득하게 된다.

녹차엔 사연이 있다

아쌈의 다원을 통틀어 비루조라만이 유일하게 녹차를 생산한다. 제다방법이 홍차와 조금 다를 뿐, 별스러운 것은 없다. 녹차는 완전 발효가 아닌 부분 발효이기 때문에 비비기와 건조를 동시에 진행시킨다.

공장엔 독일산 첨단 시스템이 갖춰져 있다. 불과 20년 전까지만 해도 뜨겁게 달구어진 가마솥에 생잎을 넣고 일일이 손으로 비비고 덖고 했다는 사실이 믿기지 않는다. 솥단지와 무쇠 통들은 지금 박물관에 전시되어 있다.

녹차의 유래엔 이곳만의 아픈 과거가 숨어 있다. 아주 오래 전부터 차나무가 무성했지만, 아무도 홍차 제조기술을 가르쳐 주지 않았다고 한다. 그래서 비교적 손이 덜 가는 녹차를 생산하게 되었다는 것이다. 영국 통치 시절에도 차 산업은 아쌈의 동남쪽을 중심으로 번성했다. 서북쪽에는 아무도 관심을 기울이지 않았다. 정치적 상황 때문이라는 설도 있다.

차 산업은 불황을 모른다고 하지만, 비루조라는 인도의 독립 후에도 관리하겠다는 회사가 나타나지 않았다. 여러 회사를 거친 후

지금의 비루조라 사가 인수했다고 한다. 녹차로 명성은 얻었지만 형편은 나아지지 않았다. 가난이 대물림 되고 있다.

인도의 차 생산량은 연간 약 900만 톤, 곡물산업의 49%를 차지한다. 외화내빈(外華內貧)이라는 말이 딱 맞다. 녹차의 사연을 듣고는 발걸음이 쉽게 떨어지지 않았다. 이번에도 나만의 필터로 바라보는 건 아닐까. 교만한 공명심을 들킬까봐 고개를 돌렸다.

매니저가 황급히 부르더니 2kg이나 되는 녹차 선물을 안긴다. 할 말을 잊은 채 잠시 정적이 흐른다. 지금까지 50여 곳의 다원을 방문했지만 선물을 받아 보기는 처음이다.

남루함과 풍족함, 가진 것과 못 가진 것에 대한 나의 가치관이 송두리째 흔들렸다.

7
길 위에서
만난 사람들

'여왕의 홍차'도 그렇게 시작되었다

나는 늘 '나 홀로 여행자'였다.

그런데 사실 이 말은 정확하지가 않다. 나는 언제나 누군가와 함께였기 때문이다. 무슨 정신나간 소리냐고 미리 힐난하지 말기 바란다. 지금부터 내 여행길의 파트너, SNS를 소개하려고 한다.

이 책의 주제인 '여왕의 홍차'가 존재한다는 것을 처음 알게 된 것도 SNS를 통해서였다. 트위터(Twitter)나 페이스북(Facebook), 카카오톡(Kakao talk)을 이용해 돈 한 푼 들이지 않고 글로벌 친구들을 사귈 수 있었다. 내가 떠날 여행지엔 이미 내 친구가 있는 것이다. 가상공간에서 친해진 친구를 현장에서 만나는 것은 또 다른 즐거움이다.

발길 닿는 곳에 친구들이 포진해 있으니 여행의 달인이 된다. 만약의 사태에 대한 위험도 줄이고 정보도 공유하고 비용도 절감한다. 사람이 로드맵이 되는 것이다. 특히 나처럼 사람 만나는 것이 목적인 여행이라면 더할 나위가 없다.

자신의 관심 분야를 정해 정보를 공유하면 된다. 나야 자타 공인의 '아쌈 홀릭'이니까 주로 그분야만 파고든다. 아쌈의 역사와 문화, 따끈따끈한 최신 뉴스까지 사람들에게 도움이 될 만한 볼거리와 읽을거리를 공유하는 재미가 쏠쏠하다. 친구에게 현지의 궁금한 사항을 물으면, 대부분 친절하게 알려준다. 그러나 온라인과 오프라인은 분명 차이가 있다. 현지에 가보면 상황이 다른 경우도 많다. 가상공간과 현실공간의 차이랄까.

아침에 우연히 남자 고등학교 앞을 지나게 되었다. 자전거로 등교하던 학생들이 나를 보자마자 우르르 몰려든다. "페이스북 할 줄 알아요?" 요즘 새롭게 바뀐 나의 글로벌 인사법이다. 상대는 눈이 커지고 놀라는 표정이다. 이때 재빨리 스마트폰을 열고 계정으로 들어간다. 타임라인 프로필과 메인 사진을 보여주는 순간, 나의 홍보는 자동 알림이 되는 셈이다. 어깨가 으쓱해지는 걸 느낀다.

이미 계정을 만든 학생들과 주소를 교환한다. 페이스북이나 트위터 계정을 가진 학생들이 생각보다 많다. SNS의 영향력은 상상을 초월한다.

나는 지금도 파릇파릇한 남고생들과 교류 중이나.

SNS로 다양한 친구들과 얘기를 나누다 보면 '여왕의 홍차'와 같이 진귀한 정보들이 귓속을 파고든다. 구체적인 사실이 밝혀질 때, 나도 모르게 컴퓨터를 뚫고 들어갈 기세로 의자를 컴퓨터에 바짝 대고 앉는다.

아쌈 티에 대한 모든 것을 보존해야 한다는 의무감이 불끈 솟는다. 알게 모르게 세월 속에 묻혀 버리는 이야기들이 얼마나 많을까. 구전가요처럼 산증인이 사라지기 전에 발굴작업을 서둘러야 할 것이다.

나는 결국 아쌈으로 다시 달려왔고, 이렇게 한 권의 이야기를 빚어냈다.

페이스북으로 맺은 인연

페이스북으로 유난히 가까워진 아쌈인들이 꽤 있다. 덕분에 차와 관련해 알토란같은 정보를 얻을 수 있었다. 신세를 진 현지인들이 한둘이 아니라 누구를 내세울지 모르겠다. 고민 끝에 본문에 실리지 않은 친구 중에 몇 명을 소개하려고 한다.

우선 B다.

그는 아쌈에 오면 자기 집에 놀러오라고 몇 번이나 메신저를 통해 나를 초대한 친구다. 도착한 다음 날, 반신반의하며 폰 번호를 눌렀다. 그는 내 숙소의 주인에게 위치를 묻더니 30분도 안 돼서 달려왔다.

흔한 말로 여우같은 아내와 토끼 같은 두 딸을 둔 가장이었다. 집 현관에서 나를 맞아주던 부인도 페이스북 친구다. 부부가 좁은

여왕의 입맛을 훔친 홍차를 만나다

주방에서 땀을 뻘뻘 흘리며 닭볶음 요리를 해주었다. 친구가 배고플까봐 마음이 분주한 모양이다.

점심을 같이 하는데 그의 작은 딸이 수시로 나한테 윙크를 날린다. 식후에는 두 딸이 춤과 노래로 손님맞이 재롱잔치를 벌여 주었다. 불과 한나절 만남이었지만 좋은 정보를 얻었다. 페이스북에서 B를 만날 때마다 아이들이 떠오른다. 토끼 모양의 머리핀이라도 들고 갈 걸!

또 다른 친구 H 얘기다.

그는 수도 구와하티에서 '비블리오필리아 카페(The Bibliophilia

café)'라는 거창한 이름의 북 카페를 운영하는 청년이다.

서점 거리 자스완트 로드* 2층에 자리 잡고 있다. 카페 입구는 아름다운 벽화로 치장되어 있었다. 마치 갤러리에 들어서는 느낌이다. 인도, 그것도 변방에 있는 아쌈에서 유럽풍의 인테리어를 만난다는 것은 신선한 충격이었다. 그는 요일마다 책을 선별해 북 콘서트를 열고 있었다. 내가 아쌈 책 저자라는 것을 알고 '세븐 시스터즈(Seven Sisters)'라는 로칼 일간지에 인터뷰까지 시켜준 친구다. 3개월 후 한국으로 가기 위해 다시 구와하티로 갔을 때도 여전했다. 어디 한 군데라도 더 인터뷰를 시켜주려고 동분서주하는 모습에 몸둘 바를 모를 지경이었다.

"언제 다시 올 거예요?"

"결혼하면 축하해 주러 갈게요."

언제가 될지……, 나는 그의 타임라인을 늘 주목하고 있다. 그런데 재미있는 건 주인과 카페 이미지가 따로 논다는 것이다. 여러분도 한 번 들어가 보실래요?

---

*자스완트 로드(Jaswant road): 구와하티 시내에 서점이 밀집된 거리.

친구 따라 아쌈 가다

나의 '아쌈 홀릭'은 친구로부터 시작되었다.

친구 따라 강남이 아니라 아쌈에 간 것이다. 나의 친구, 나의 수호천사 그녀와의 인연은 델리(Delhi)* 여행길에서 시작되었다. 처음엔 그저 스쳐지나가는 만남이라 생각했는데 그 인연은 15년간이나 가늘고 길게 이어져 왔다.

그러던 어느 날 이메일로 아쌈에 방문하지 않겠냐는 친구의 초대를 받는다. 그때부터 내 삶의 3막이 시작되었다고 할 수 있다.

아쌈을 방문할 때면 잠시라도 짬을 내 친구 집에 머문다. 욕실 딸린 방이 놀고 있고 상주하는 메이드가 있어 여행자에겐 최상의

---

*델리(Delhi): 인도의 수도. 경제, 정치, 문화, 교통의 중심지.

환경이다. 혹시 친구가 불편하거나 곤란해 하는 눈치가 보였다면 한 번의 방문으로 끝이 났겠지만, 상황은 늘 좋았다.

친구와 통하는 코드가 있다는 사실도 축복이었다. 야심한 밤에 도란도란 얘기를 나누며 홀짝홀짝 들이키는 럼*은 요즘도 못 견디게 그리운 한 편의 추억이다.

인도는 공식적으로 술 금지 국가이기 때문에 술을 내놓고 판매하지 않는다. 아쌈 주는 그런 면에서 너그럽다고 할까. 번잡한 거리 사이에서 와인 숍(주류 코너)이 간간이 눈에 띈다.

친구의 남편은 술을 입에도 안 대지만 아내와 아내의 친구를 배려해 라지 사이즈 럼을 사다 놓는 친절을 베풀었다. 우리는 치킨 조각을 안주 삼아 잔을 비우곤 했다. 술 얘기가 나와서 말인데, 아

*럼(RUM): 인도의 대중 술. 소주와 비슷하다.

여왕의 입맛을 훔친 홍차를 만나다

쌈에는 오래 전부터 내려오는 농경사회의 산물인 곡주가 있다. 아쌈 말로 하쯔(Haj), 부족어로 아뽕(Apong)이라 부른다. 쌀농사를 주업으로 하는 미씽 부족(Mising tribes)이 빚어내는 술로 우리네 막걸리와 흡사하다.

김치 이야기 또한 야물다. 친구 덕분에 인도에서도 김치를 먹을 수 있었다. 나는 김치 없이는 한 끼도 못 먹는 식성이라 타지에서 고생이 말이 아니었다. 친구는 김치를 담아보라고 했다. 마늘, 생강, 고춧가루 등등 양념은 비슷한데 배추가 문제였다. 아쉬운 대로 양배추와 오이로 대신했다.

친구가 해보라고는 했지만 김치가 익으면서 풍길 냄새 때문에 지레 눈치가 보였다. 어떤 음식인지 알 턱이 없는 그녀에게 싸브지*처럼 한국 식탁에 없어서는 안 되는 메인 메뉴라고 일러주었다.

다행히도 한 쪽 먹어보더니 엄지손가락을 치켜세운다. 갖은 양념으로 버무려진 배추가 발효되어 김치가 되는 과정을 신기해 했다. 한두 번 옆에서 지켜보더니 조리 방법도 배웠다. 건강에 좋다는 얘기를 듣고 요즘도 가끔씩 김치를 담는다고 한다.

친구의 짜이 만드는 솜씨도 자랑하지 않을 수 없다. 차 가루와 설탕, 우유의 배합은 특허를 내도 될 정도다. 특유의 몰트 향에 중독이 돼서 시도 때도 없이 짜이만 마실 때도 있었다.

*싸브지: 주식인 밥과 곁들이는 음식으로 콩과 야채가 들어간 스프.

여왕의 입맛을 훔친 홍차를 만나다

내가 아침 일찍 외출하는 걸 알고 밤에 짜이를 만들어 냉장고에 넣어 둔다. 그리곤 식탁 위에 쪽지를 남긴다.

"짜이 만들어 놓았어. 데우기만 하면 돼."

내가 일찍 돌아오는 날이면 내게 이것저것 전통 의상을 입혀주었다. 어릴 때부터 요변 떨고 놀았던 우리는 그런 취미도 닮았다.

친구는 브라만 계층이고 대학 교수다. 신분이 철저한 사회에서 브라만 계층은 서양의 귀족들처럼 자기네들끼리 노는 경향이 있다. 특히 부인들은 하층민과는 말도 섞지 않고, 낯선 사람들과 인사도 꺼리는 편이다.

그런 사람이 어떻게 외국인을 집으로 초대할 용기를 냈는지 모르겠다. 당시 내 정보라고 해봐야 블로그에 소개된 프로필이 전부였다. 나름대로 분석하자면 내가 여자고 아줌마고 누구의 부인과 엄마라는 이유 때문일 것이다. 이보다 더 공인된 자격 인증은 없지 않은가.

내가 세 권의 아쌈 책을 낼 수 있었던 것은 천성인 호기심 탓도 있지만 산타클로스의 심성을 지닌 친구가 버팀목이 되어 주었기 때문이다. 자기 고향의 책을 내 주었다고 누구보다 기뻐하는 친구다. 앞으로도 적극 밀어주겠다고 응원이 대단하다. 책의 절반은 그녀 몫이라고 해두고 싶다.

친구는 나처럼 노마드 족은 아니어서 강의를 마치면 집에서 일과를 보내는 편이다. 여행사인 나보다 로드맵이나 꾄핑 정보에 더 어둡다.

그녀는 얼마 전 대학에서 퇴직하고 현재는 전업 주부로 돌아온 상태다. 엄청 큰 렌즈가 부착된 카메라를 들고 다니며 여생을 열정적으로 보내고 있다. 수시로 페이스북에 사진을 올려 자랑하느라 바쁘다.

이렇게 얘기하다 보니 친구 부부에게 너무나 많은 신세를 진 것 같다. 아쉬움과 그리움이 내 안에서 떠나지 않는 이유다.
홍차의 고향, 아쌈! 다음엔 어떤 테마를 가지고 그곳을 찾을지 모르겠지만 그녀가 보고 싶어서라도 다시 달려갈 것 같다. 그리움은 사랑의 다른 이름이라는 말이 맞나 보다.

수호천사 내 친구야! 많이 사랑한다.

Dear friend, Thanks a lot!

에필로그

인생 3막의 꿈에 한걸음 더 가까이

 이번 여행은 여느 때보다 모진 일정이 아니었나 싶다. 거의 백지 상태에서 차밭 탐사를 치른 셈이다. 대신 자연은 두둑하게 보상을 해주었다. 지구상에 오직 하나뿐인 비경을 병풍 삼아 느긋이 쉬면서 깊은 힐링을 할 수 있었으니. 그리고 떠날 때 바랐던 것 보다 훨씬 크고 소중한 것들을 품에 안고 돌아갈 수 있었으니.

 이렇듯 여행은 많은 변수를 가지고 있다. 의도와 다른 좋은 결과를 얻는 것, 낯선 곳에서만 가능한 삶의 지혜를 터득하는 것, 이것이 진짜 여행인 것이다. 이렇게 내 인생 3막의 꿈은 서서히 무르익고 있다. 아울러 책을 읽은 모든 분들이 내가 그곳에서 그랬던 것처럼 행복해졌으면 좋겠다.

"아쌈 홍차 한 권, 어땠나요? 책 읽어주셔서 고맙고 앞으로도 사랑 듬뿍 주시기 바랍니다."
"밤새며 글을 쓰는 동안 잠을 쫓아준 홍차야, 고마워."
"여왕의 홍차에 대한 정보를 아낌없이 제공해 준 아쌈인들에게도 감사의 마음 전합니다."

I'd like to take this opportunity to thank all of Assamese, including lovely Anjali friend and Imran and Manash.